LE

MARIAGE DES PRÊTRES

RÉPONSE A M. JULES FAVRE

SUIVIE DU CONCORDAT, DES ARTICLES ORGANIQUES
ET DE LA LETTRE DU CARDINAL CAPRARA

PAR

M. L'ABBÉ TH. LOYSON

PARIS

CHARLES DOUNIOL, LIBRAIRE-ÉDITEUR
Rue de Tournon, 29

—

1863

LE MARIAGE DES PRÊTRES

RÉPONSE A M. JULES FAVRE

SUIVIE DU CONCORDAT, DES ARTICLES ORGANIQUES
ET DE LA LETTRE DU CARDINAL CAPRARA

PAR

M. L'ABBÉ TH. LOYSON

<hr>

PARIS

CHARLES DOUNIOL, LIBRAIRE-ÉDITEUR
Rue de Tournon, 29

—

1862

LE

MARIAGE DES PRÊTRES

Monsieur,

Vous avez prononcé devant le tribunal de Périgueux, dans l'affaire de M. Brou de Laurière, ex-curé de Cendrieux, en faveur du mariage des prêtres, un plaidoyer qui a été publié (1) et a fixé mon attention.

Je ne connais pas M. Brou de Laurière, ex-curé de Cendrieux, je ne connais ni ses antécédents ni ceux du procès que vous avez plaidé. Tout ce que j'en sais, c'est, d'une part, le silence que vous avez cru devoir garder sur les faits qui ont amené le

(1) *Débats sur la question du mariage des prêtres.* Périgueux, 1862.

procès (1), comme sur la personne de votre client;
c'est, d'autre part, le stigmate public que M. le procureur impérial ne lui a pas sans doute infligé à la
légère, en disant, au début de ses conclusions :
« Depuis le commencement de ce siècle, je le dis à
« l'honneur du clergé catholique, il ne s'est trouvé
« qu'un bien petit nombre de ses membres qui
« ait osé affronter le débat public devant lequel
« M. Brou n'a pas reculé. Hier ils n'étaient que
« neuf, aujourd'hui ils sont dix, grâce à l'ancien
« curé de Cendrieux. Une liste d'apostats ne pou-
« vait être plus dignement couronnée. Le sieur Brou
« mériterait bien, à titre de châtiment pour sa té-
« mérité, de s'entendre raconter, publiquement et
« en face, l'histoire de sa vie (2). »

J'ai eu plusieurs fois, Monsieur, l'heureuse for-
tune d'assister, dans l'arène de la justice et dans
celle de la politique, à vos luttes qui, quelqu'en soit
d'ailleurs le succès, sont toujours des triomphes.
J'ai même eu l'honneur de vous approcher sur un
autre terrain qui permet mieux de juger l'homme,
parce qu'il y a moins de perspective et de prestige.

(1) *Débats*, etc., p. 9.
(2) *Ibid.*, p. 45 et 46.

De ces diverses rencontres il m'est resté une profonde admiration pour votre talent, une haute estime pour votre caractère. Aussi n'aurais-je pu me défendre d'une pénible impression, si je n'avais moi-même senti que dans la cause de l'ancien curé de Cendrieux s'agitait une grave question de législation moderne. Vous avez moins accepté la cause que vous n'avez saisi l'occasion. C'est ma pensée, que votre propre témoignage confirme :

« Au seuil de cette grave discussion, une dou-
« loureuse surprise s'empare de moi. Quoi, après
« tant d'efforts déployés par l'intelligence humaine
« pour arriver à une législation rationnelle et pré-
« cise ; après tant de veilles, de nobles travaux, de
« dissertations profondes, après tant de légitimes
« aspirations vers un régime qui trace à chacun ses
« droits et ses devoirs, nous en serions encore ré-
« duits à hésiter sur un point aussi capital que celui
« qui met en question l'ordre civil tout entier et la
« liberté de conscience.

« D'un côté, j'entends les docteurs demander
« d'une voix unanime la conservation de ce grand
« principe. De l'autre, les tribunaux semblent le
« méconnaître. Le plus auguste de tous, celui dont
« les décisions sont reçues comme des oracles sou-

« verains, penche vers le passé, et, docile aux in-
« spirations d'un autre âge, ramène violemment la
« société en arrière, au risque de la replonger dans
« un abîme dont elle se croyait pour toujours dé-
« livrée.

« Un tel spectacle serait de nature à troubler les
« âmes et à faire douter de l'avenir, si une foi pro-
« fonde dans le triomphe définitif du vrai ne soute-
« nait pas ceux qui seraient tentés de chanceler. Il
« est de l'essence de tout progrès de se réaliser par
« la lutte et d'asseoir son plus solide fondement
« sur un terrain disputé pied à pied par les épreuves
« et les luttes de la pensée.

« Ainsi en sera-t-il de l'importante question qui
« vous est soumise. La mettre en lumière est un
« devoir pour quiconque a l'honneur de jouir du
« privilége d'une parole indépendante. Lorsque,
« tout à l'heure, elle vous apparaîtra dégagée des
« erreurs, des préjugés, des sophismes qui peuvent
« l'obscurcir encore, vous comprendrez qu'elle ren-
« ferme dans son sein la condamnation ou l'affer-
« missement de l'ordre nouveau. C'est la société
« civile qui est en cause, elle est agenouillée devant le
« sanctuaire ; vous tenez dans vos mains ou l'éman-
« cipation ou l'asservissement de son indépen-

« dance. L'Église et l'État sont aux prises. De toutes
« parts se pressent des événements que nulle puis-
« sance humaine ne pourra maîtriser. Vous, Mes-
« sieurs, pénétrés de la haute mission que vous
« avez à remplir, vous n'hésiterez point à soutenir
« d'une main ferme et résolue le noble élément de
« la liberté morale qui fait la force, la fécondité, la
« gloire des sociétés modernes.

« Et ce n'est point par une vaine ambition de
« langage que je prête ces aspects élevés au pro-
« blème que vous avez à résoudre. Reconnaître que
« le prêtre peut se marier, c'est déclarer à la fois
« le mariage un contrat civil, et le prêtre un ci-
« toyen. Lui refuser ce droit, c'est revêtir Rome de
« la pourpre impériale, c'est soumettre l'autorité
« nationale au joug détesté d'une domination étran-
« gère (1). »

Eh bien ! non, Monsieur, je n'ai point à vous
reprocher une vaine ambition de langage ; mais j'ai
à regretter que votre esprit se soit égaré dans une
confusion funeste, trop commune, hélas ! et que je
voudrais vous voir, au contraire, travailler à dissi-
per avec cette fermeté de conviction et cette merveil-

(1) *Débats*, etc., p. 10 et 11.

leuse puissance de parole dont vous êtes si noble-
ment doué. Vous me paraissez confondre deux
choses, très-distinctes pourtant, et dont la séparation est l'objet de vos vœux, l'ordre civil et l'ordre
religieux.

De quoi s'agit-il, en effet? Je ne saurais mieux le
dire qu'en empruntant vos paroles : « M. Brou de
« Laurière, engagé dans les ordres, mais n'exerçant
« plus le saint ministère, veut contracter mariage :
« le peut-il (1)? » En d'autres termes, la loi civile
admet-elle que l'engagement dans les ordres sacrés
soit un empêchement au mariage civil? La juridiction dont vous réclamez la sentence restreint le
problème dans ces limites, et la liberté de conscience que vous invoquez ne vous autorise pas à
l'étendre au delà. Pour les catholiques le mariage est
un contrat religieux, parce qu'il est essentiellement,
en tant que contrat, sacrement; le contrat civil n'est
que l'imputation de la reconnaissance légale à la
forme extérieure du contrat, qu'il soit ou non valide
en conscience, pourvu que cette forme extérieure
soit dans les conditions déterminées par la loi. Lors
donc que vous dites que *reconnaître que le prêtre*

(1) *Débats*, etc., p. 10.

peut se marier, c'est déclarer le mariage un contrat civil, à l'exclusion du caractère religieux que nous y attachons, vous attribuez au jugement que vous sollicitez une portée dogmatique, vous conviez un tribunal civil à se faire juge d'une controverse religieuse, à violer la liberté de conscience.

D'où vient, malgré tant de lumières et de sincérité, une si grave méprise? Oserai-je le dire? elle me semble dériver de deux sources. C'est d'abord un reste de cet ancien régime si vivace dans les traditions parlementaires, et que vous êtes le premier à dénoncer jusque dans *le plus auguste de tous les tribunaux, dans celui dont les décisions sont reçues comme des oracles souverains ;* c'est un reste de ces vieux préjugés du palais qui se plaignaient toujours, comme vous le faites encore, que *la société civile fût agenouillée devant le sanctuaire*, tant qu'ils n'avaient pas agenouillé l'Église dans leur prétoire et devant les marches du trône. L'éducation l'inocule, un commerce assidu le développe, et l'on en vient insensiblement à se figurer de bonne foi que, pour ne pas laisser dominer l'Église, il faut la soumettre à l'État. On parle de liberté de conscience, mais on détourne ce grand principe, et l'on en fait dans les mains de l'État une arme pour l'asservissement des consciences. Qu'est-ce que la liberté de conscience, si elle n'est l'abstention de l'État en matière religieuse? Voyez donc ce que vous en faites !

A cette première cause s'en joint une seconde, ce sont les préjugés de parti. Personne n'ignore que la situation temporelle de l'Église avant 1789 avait soulevé contre elle, parmi les fondateurs de la société moderne, une violente hostilité que les passions mauvaises, de déplorables malentendus, des fautes aussi de notre part n'ont pas cessé d'alimenter depuis. Sans vous en douter, vous avez cédé, Monsieur, à cet entraînement. Pourquoi ne pas se contenter de régler l'ordre social, sans vouloir faire de ses lois des déclarations contre le dogme catholique? Car, remarquez-le, il s'agit bien d'une déclaration contre un dogme, quand il s'agit de déclarer que le mariage n'est qu'un contrat civil, puisque cette déclaration ruine le pouvoir que revendique dogmatiquement l'Église d'établir des empêchements dirimants.

Vous avez, par votre intelligence et votre amour persévérant des libertés intérieures, conquis sur l'opinion une grande et légitime influence. Je voudrais qu'elle ne servît jamais qu'à ramener la France à ce qui est juste et vrai, et à hâter ainsi l'assiette définitive de nos institutions. Je voudrais qu'elle n'attisât jamais la discorde entre la société civile et l'Église, mais qu'elle fût tout entière consacrée à avancer l'œuvre de leur conciliation. Cette œuvre serait vite achevée, si l'exagération de l'homme ne venait pas sans cesse diviser la cause de la civilisation moderne et celle de l'Église, qui sont la même au fond, la cause sacrée du progrès de l'humanité dans l'individu et dans la société!

C'est dans cet esprit, Monsieur, que je me hasarde à vous soumettre quelques observations sur la question du mariage des prêtres. Puisque vous avez consenti à la publication de votre éloquent plaidoyer, vous ne pourrez vous offenser que j'ouvre à cette réponse une égale carrière, et qu'en en appelant à vous-même, j'en appelle en même temps à l'opinion publique, ce grand juge que les sincères amis de la liberté n'ont jamais récusé et dont les arrêts finissent toujours par casser tous les autres.

Vous ne vous êtes point borné, Monsieur, à discuter le droit civil, mais vous avez cru bien faire
en examinant d'abord la question religieuse, et
vous êtes parti de ce principe que *le célibat du clergé
n'est point essentiellement lié au dogme* (1). Vous
auriez dû dire, pour être exact, que le célibat du
clergé n'est point une institution de droit divin. Il
existe entre ces deux propositions une différence
qui ne peut vous échapper, à vous passé maître
dans l'art de nuancer la parole ; car il ne serait pas
impossible que la règle du célibat reposât sur le
dogme, sans que l'obligation en eût été directement
imposée par Jésus-Christ. Mais dire qu'il n'y a pas
de lien essentiel entre le dogme et le célibat du
clergé, c'était préparer cette autre assertion, dans

(1) *Débats*, etc., p. 13.

laquelle se cache une embûche : « la règle du
« célibat des prêtres est une institution contin-
« gente, humaine (1), » et vous acheminer, en
présentant cette loi canonique comme un attentat
tout humain contre les lois de la nature et même
de la religion, à n'y voir qu'un dessein d'ambition
temporelle et un mode hypocrite d'envahissement
sur le domaine et les droits de l'État. C'était prendre
de loin et habilement votre respiration pour vous
écrier enfin : « J'ai donc le droit d'affirmer qu'in-
« terdire le mariage des prêtres, c'est rompre le
« lien qui rattache le citoyen à sa patrie, c'est per-
« mettre que le sol de notre pays soit occupé par
« une armée dont le chef est à Rome. Je puis donc
« affirmer encore que la règle du célibat ne se
« rattache en rien au dogme, qu'elle laisse en
« dehors tout ce qui touche à la foi, qu'elle est
« tout intérieure, et qu'elle pourrait être changée
« sans que la religion fût modifiée (2). »

Oui, Monsieur, la loi du célibat pourrait être
changée sans que la religion fût modifiée. Mais elle
ne pourrait l'être que par l'autorité religieuse, seule

(1) *Débuts*, etc., p. 14.
(2) *Ibid.*, p. 23.

compétente pour le régime intérieur de l'Église. Nous blesserions la foi, si nous ne reconnaissions dans l'Église le pouvoir de changer ce qu'elle a établi. Mais on rompt avec elle, en niant la force obligatoire de sa discipline, tant qu'elle ne l'a pas abolie. Lorsqu'on veut juger de quelle valeur est une chose pour la conscience des catholiques, il faut se placer à leur point de vue; et il ne vous était pas permis d'oublier que, pour eux, la discipline eccléciastique a son fondement essentiel dans le dogme du pouvoir législatif de l'Église, dogme expressément contenu dans l'Évangile : « Tout ce « que vous aurez lié sur la terre sera lié dans le ciel, « et tout ce que vous aurez délié sur la terre sera « délié dans le ciel (1). »

Ne dites donc plus que *la règle du célibat ne se rattache en rien au dogme, qu'elle laisse en dehors tout ce qui touche à la foi.* Outre le rapport essentiel que je viens d'indiquer entre elle et le dogme, la plus vieille tradition de l'Église et la plus respectable, celle où vous êtes allé chercher des témoignages que nous discuterons tout à l'heure, la tradition des pères, des papes et des conciles en

(1) Matth., chap. xviii, vers. 18.

signale un second. Il serait long de vous en mettre tous les monuments sous les yeux ; deux suffiront, je l'espère.

Le pape Sirice, en 385, écrivait ce qui suit (1) : « Nous « avons appris que plusieurs prêtres et lévites, « longtemps après leur consécration, ont eu des

(1) *Epist. Siricii Papæ ad Episcopum Tarraconensem Himerium* (Labb., t. II, col. 1,019 et 1,020.) : « Plurimos enim sacerdotes Christi « et levitas, post longa consecrationis suæ tempora, tam de conjugibus « propriis quam etiam de turpi coïtu sobolem didicimus procreasse, « et crimen suum hac præscriptione defendere, quia in veteri testa-« mento sacerdotibus et ministris generandi facultas legitur attributa. « Dicat mihi nunc, quisquis ille est sectator libidinum præceptorque « vitiorum, si æstimat quod in lege Mosis passim sacris ordinibus a « Domino laxata sunt fræna luxuriæ, cur eos, quibus committebantur « sancta sanctorum, præmonet dicens : *Sancti estote, quia et ego* « *sanctus sum Dominus Deus vester.* Cur etiam procul a suis domi-« bus, anno vicis suæ, in templo habitare jussi sunt sacerdotes? Hac « videlicet ratione, ne vel cum uxoribus possent carnale exercere « commercium, ut conscientiæ integritate fulgentes acceptabile Deo « munus offerrent. Quibus etiam, expleto deservitionis suæ tempore, « uxorius usus solius successionis causa fuerat relaxatus, quia non « ex alia, nisi ex tribu Levi, quisquam ad Dei ministerium fuerat « præceptus admitti. Unde et Dominus Jesus, cum nos suo illustraret « adventu, in Evangelio protestatur *quia venerit implere, non solvere.* « Et ideo Ecclesiam, cujus *sponsus* est *speciosus forma*, castitatis « voluit splendore radiare, ut in die judicii, cum rursus advenerit, « sine macula et ruga eam possit, sicut per apostolum suum insti-« tuit, reperire. Quarum sanctionum sacerdotes omnes atque levitæ « insolubili lege constringimur, ut a die ordinationis nostræ, sobrie-

2

« enfants, soit de leurs épouses, soit d'un com-
« merce honteux, et qu'ils défendent leur crime sur
« ce principe que l'Ancien Testament accordait aux
« prêtres et aux ministres le pouvoir d'être pères.
« Qu'ils me disent donc, ces sectateurs des pas-
« sions, ces précepteurs de vice, s'ils estiment que
« dans la loi de Moïse le Seigneur a lâché la bride
« de l'incontinence à ceux qui sont dans les ordres

« tati ac pudicitiæ et corda nostra mancipemus et corpora, dummodo
« per omnia Deo nostro in his, quæ quotidie offerimus, sacrificiis
« placeamus. *Qui autem in carne sunt*, dicente vase electionis, *Deo
« placere non possunt. Vos autem jam non estis in carne, sed in
« spiritu, si tamen spiritus Dei habitat in vobis.* Et ubi potuit, nisi
« in corporibus (sicut legimus) sanctis, Dei spiritus habitare? Et quia
« aliquanti de quibus loquimur, ut tua sanctitas retulit, ignoratione
« lapsos esse se deflent, his hac conditione misericordiam dicimus
« non negandam, ut sine ullo honoris augmento, in hoc quo detecti
« sunt, quamdiu vixerint, officio perseverent, si tamen post hæc
« continentes se studuerint exhibere. Hi verò qui illiciti privilegii
« excusatione nituntur, ut sibi asserant veteri hoc lege concessum,
« noverint se ab omni ecclesiastico honore, quo indigne usi sunt,
« apostolicæ sedis auctoritate dejectos, nec unquam posse veneranda
« attrectare mysteria, quibus se ipsi, dum obscænis cupiditatibus
« inhiant, privaverunt. Et quia exempla præsentia cavere nos præ-
« monent in futurum, si quilibet episcopus, presbyter atque diaco-
« nus (quod non optamus) deinceps fuerit talis inventus, jam nunc
« sibi omnem per nos indulgentiæ aditum intelligat obseratum :
« quia ferro necesse est excidantur vulnera quæ fomentorum non
« senserint medicinam. »

« sacrés, qu'ils me disent pourquoi cet avertisse-
« ment donné à ceux à qui le Saint des saints était
« confié : *Soyez saints, parce que je suis saint, moi*
« *le Seigneur votre Dieu.* Pourquoi encore était il
« ordonné aux prêtres, pendant l'année de leur
« fonction, d'habiter dans le temple, loin de leur
« foyer domestique? C'était sans doute pour les
« préserver de tout commerce charnel même avec
« leurs épouses, afin qu'ils pussent offrir au Sei-
« gneur, dans l'éclat d'une conscience intacte, un
« culte qui lui fût agréable. Si, leur service reli-
« gieux achevé, ils étaient rendus à la vie conjugale,
« ce relâchement de sévérité n'avait en vue que la
« succession du sacerdoce, car c'était la loi de ne
« prendre les ministres de Dieu que dans la tribu
« de Lévi. C'est pourquoi Notre-Seigneur Jésus,
« qui proteste dans son Évangile, au milieu des
« lumières qu'il répand sur nous par son avéne-
« ment, *qu'il est venu accomplir et non abolir,* a
« voulu que l'Église dont il est *l'Époux aux formes*
« *ravissantes,* soit radieuse par l'auréole de la chas-
« teté, afin qu'au jour du jugement, en son second
« avénement, il la trouve sans tache et sans ride,
« comme il l'a instituée par son apôtre. Telle est la
« source de la loi indissoluble qui nous astreint

« tous, prêtres et lévites, depuis le jour de notre
« ordination, à dévouer nos cœurs et nos corps à
« la sobriété et à la chasteté, afin de plaire en tout
« à notre Dieu dans ces sacrifices que nous lui
« offrons chaque jour. *Ceux qui sont dans la*
« *chair*, dit le Vase d'élection (S. Paul), *ne peuvent*
« *plaire à Dieu. Or, vous n'êtes plus dans la chair,*
« *mais dans l'esprit, si toutefois l'Esprit de Dieu*
« *habite en vous.* Et où l'Esprit de Dieu pourra-t-il
« habiter, si ce n'est dans des corps saints, comme
« il est écrit ? Et parce que quelques-uns de ceux
« dont nous parlons déplorent l'ignorance qui les
« a fait tomber, nous ne voulons pas que miséri-
« corde leur soit refusée à condition que, sans
« monter à un degré plus élevé, ils resteront toute
« leur vie dans celui qu'ils occupaient quand leur
« faute a été découverte, si toutefois ils s'appliquent
« désormais à garder la continence. Quant à ceux
« qui excusent le privilége illicite qu'ils s'arrogent
« par une concession de l'ancienne loi, qu'ils
« sachent qu'ils sont chassés par l'autorité aposto-
« lique de toute dignité ecclésiastique, parce qu'ils
« en ont indignement usé, et qu'*ils ne pourront plus*
« *jamais manier les mystères vénérables, dont eux-*
« *mêmes se sont privés par les basses satisfactions.*

« *après lesquelles ils soupirent.* Enfin, parce que le
« présent nous avertit de prendre des précautions
« pour l'avenir, si un évêque, un prêtre et un
« diacre (ce dont Dieu nous préserve!) était trouvé
« dans la suite coupable de ces pratiques, qu'il
« sache que nous lui refusons, dès maintenant, tout
« recours à l'indulgence; car il faut porter le fer
« sur les plaies qui résistent aux pansements plus
« doux. »

Et le concile Quinisexte, sur lequel je reviendrai
bientôt, et que vous appelez, cette fois avec une
vaine ambition de langage, le concile œcuménique
de Constantinople, ne dit-il pas dans ce même canon 13 dont vous triomphez tant, en vous gardant
toutefois de le citer : « Il faut que les ministres
« de l'autel divin soient entièrement continents
« dans le temps où ils doivent célébrer les saints
« mystères, afin qu'ils puissent obtenir de Dieu ce
« qu'ils demandent dans la simplicité de leur
« cœur? » Et n'appuie-t-il pas cette nécessité sur
la tradition des apôtres et sur l'observance de toute
l'antiquité? *Quod per apostolos traditum est, et ab
ipsa usque antiquitate servatum.* Le texte entier sera
donné plus loin.

Je ne veux pas d'autres preuves qu'on a toujours

reconnu entre le ministère de la sainte Eucharistie et le célibat des prêtres un rapport essentiel. Il vous sera facile, Monsieur, de l'apercevoir aussi. Le prêtre est le représentant de Jésus-Christ; il ne fait qu'un à l'autel avec lui. Prêtre avec lui, il convient qu'il y soit aussi victime avec lui. Et voilà pourquoi les privations de la chair, et cette blessure du cœur, toujours mélancolique et quelquefois sanglante, font partie de ce cruel et amoureux ministère.

Si Jésus-Christ n'a pas fait une loi du célibat, c'est qu'il s'agissait de ce qu'il y a de plus intime, de plus personnel dans son alliance avec l'Église. Il se donnait à elle tout entier dans les pouvoirs sacerdotaux et sous les voiles eucharistiques, comme prêtre éternel et victime immortelle. Il ne pouvait lui appartenir de déterminer dans quelle mesure l'Église lui rendrait sa tendresse et ce don. Avec une suprême délicatesse de cœur, il a gardé vis-à-vis d'elle, d'une manière exquise, ces transparentes réserves de l'amour qui laisse deviner son désir, parce qu'il n'a rien de caché, mais qui ne commande jamais autrement.

« Il y a, dit Jésus-Christ, des eunuques qui sont
« ainsi dès le sein de leur mère; il y en a que les
« hommes ont faits; il y en a enfin qui se sont faits

« eux-mêmes pour le royaume des cieux. Que
« celui qui peut saisir, saisisse (1). »

Et encore, exagérant l'expression pour mieux
inculquer la doctrine :

« Si quelqu'un vient à moi et ne hait pas son
« père et sa mère, et son épouse, et ses fils et ses
« frères et ses sœurs, et sa vie même, il ne peut
« être mon disciple (2). »

N'était-ce pas appeler au détachement parfait, et
désigner comme une de ses formes préférées et les
plus hautes la pratique du célibat? Saint Paul l'a-
vait ainsi compris, lorsqu'il écrivait aux Corin-
thiens : « Celui qui est sans épouse n'a souci que du
« Seigneur, comment il peut plaire à Dieu. Mais
« celui qui est avec une épouse a souci des choses
« du monde, comment il peut plaire à son épouse,
« et il est divisé. Et la femme non mariée, et la
« vierge, pense aux choses du Seigneur, afin d'être
« sainte de corps et d'esprit. Mais celle qui est ma-
« riée pense aux choses du monde, comment elle
« peut plaire à son mari. Or, je vous le dis pour
« votre utilité, non pour vous tendre un piége,

(1) Matth., chap. xix, vers. 12.
(2) Luc, chap. xiv, vers. 26.

« mais pour vous exciter à ce qui est beau et qui
« donne la faculté de prier Dieu sans entrave (1). »

Si l'Église pouvait faire retentir cette parole de
renoncement aux oreilles des simples fidèles, ne
pouvait-elle pas l'imposer aux prêtres qui sont auprès de Jésus-Christ les députés de son culte et de
son amour? Aussi saint Paul en fait-il, dès l'origine,
une loi pour les évêques. *Garde-toi chaste*, écrit-il
à Timothée (2). Et à Tite : *Il faut que l'évêque
soit hospitalier, bienveillant, sobre, juste, saint,
continent* (3).

Vous avez vous-même cité, Monsieur, les trois
versets qui précèdent celui-ci et font corps avec lui.
J'ai pensé que vous ne seriez pas fâché de lire et
peut-être de citer une autre fois dans son entier ce
passage de l'Épître à Tite. Je n'ajouterai qu'une observation qui vous retirera le droit d'en faire désormais l'usage que vous avez essayé. C'est qu'en
disant à Tite, avant de compter la continence parmi
les devoirs épiscopaux, que l'évêque doit être le mari
d'une seule femme, saint Paul jetait le fondement
ou faisait une des premières applications de la loi

(1) Ep. I aux Cor., chap. VII, vers. 32-35.
(2) Ep. I à Tim., chap. V, vers. 22.
(3) Ep. à Tite, chap. I, vers. 8.

qui exclut de l'ordination quiconque a été marié plusieurs fois.

Vous voudrez bien, je n'en doute pas, vous souvenir de cette particularité, lorsque vous aurez recours à la première Épître à Timothée. Vous ne prendrez pas non plus une précaution inutile en recommandant à ceux que vous chargez de vos recherches, de ne pas trier dans les versets de l'Écriture les expressions qui leur vont en négligeant les autres. En n'exigeant pas qu'on mette sous vos yeux l'intégrité des textes, vous risquez trop d'être induit en de malencontreuses inexactitudes et en des apparences d'habiletés qui n'ont rien de commun avec la droiture de votre caractère. C'est ainsi que, dans cette Épître à Timothée, vous traduisez le verset 2 du chapitre III en ces termes : « Mais il faut que l'évê- « que soit irrépréhensible, mari d'une seule « femme, » sans même vous douter que saint Paul a ajouté : « Sobre, prudent, plein de tenue, *pudi-* « *que, pudicum,* etc. » Il était assez naturel après cela que le *Domui suæ bene præpositum* et le *Domui suæ præesse* prissent dans votre version une couleur plus favorable à vos vues qu'ils n'ont réellement. *Conduire son ménage* et *présider à sa maison* ne sont pas tout à fait synonymes. La seconde lo-

cution ne renferme point les indications de vie conjugale, évidemment contenues dans la première qui
est celle de votre choix.

Enfin, l'Apocalypse couronne le nouveau Testament, et j'y lis : « Voici ceux qui ne se sont pas souil-
« lés dans le contact des femmes ; ils sont vierges.
« Ils suivent l'Agneau partout où il va. Ils ont été
« rachetés du milieu des hommes, prémices à Dieu
« et à l'Agneau (1). »

Êtes-vous convaincu, Monsieur, que le célibat
n'est pas sans quelque lien avec le dogme et que
son respect ne laisse pas en dehors tout ce qui touche à la foi? Ayez, après cela, si vous voulez, des
prévisions et des souhaits peu favorables à l'immortalité de cette discipline, je n'y ai rien à reprendre.
La Providence et l'Église jugeront. Mais les erreurs
historiques et les arguments singuliers par lesquels
vous avez attaqué, devant le Tribunal de Périgueux
et devant toute la France, la loi religieuse du célibat des prêtres ne peuvent rester sans réponse.

J'ouvre donc l'histoire en face de votre plaidoyer.
Le premier service que je lui demande est le con-
trôle de cette affirmation : « Pendant les quatre

(1) Apocal., chap. xiv, vers. 4.

« premiers siècles, les prêtres se sont mariés, les
« évêques ont eu des femmes et des enfants, et plu-
« sieurs papes même se sont conformés à cette
« coutume (1). »

Que les prêtres se soient mariés, c'est possible et
même certain. Que des évêques aient conservé les
femmes qu'ils avaient épousées avant leur élévation
et qu'ils en aient eu des enfants, c'est possible, c'est
même certain. La lettre du pape Sirice, que j'ai rap-
portée plus haut, ne laisse à cet égard aucun doute.
Mais ce qui est parfaitement controuvé, c'est que
plusieurs papes se soient conformés à cette coutume.
Je vous serais obligé, Monsieur, d'en citer les noms
et de fournir les preuves à l'appui de cette imputation. Fût-elle vraie, la question n'est pas de savoir
si, à cette époque, des prêtres, des évêques et même
des papes ont pu se marier validement : il est assez
reçu en théologie que l'ordre n'a pas été dès l'origine un empêchement dirimant. La question est
s'ils ont pu le faire impunément. Vous savez bien
que non, car toute l'antiquité ecclésiastique proteste, et j'admire vraiment par quelle miraculeuse
cécité vous avez pu seulement jeter les yeux sur les

(1) *Débats*, etc., p. 17.

monuments que vous invoquez sans y voir la condamnation de votre thèse.

Que dit, en 314, le concile d'Ancyre que vous
prétendez avoir consacré le mariage des prêtres ? Permettez encore que j'en rétablisse le texte dans son
intégrité : « Les diacres qui, à leur ordination, ont
« protesté qu'ils voulaient se marier, ne pouvant
« vivre en continence, si par la suite ils se marient,
« demeurent dans le ministère, parce que *l'évêque*
« *leur a donné la permission*. S'ils ont gardé le
« silence dans leur ordination, professant ainsi la
« continence, et qu'ils se marient ensuite, ils seront
« privés du ministère et même du rang clérical,
« réduits à la communion laïque (1). » Cela prouve
sans doute que le diaconat n'entraînait pas un empêchement dirimant au mariage. Mais cela prouve
aussi que le mariage était dès lors regardé comme
incompatible avec le ministère des diacres. On n'ad-

(1) Concil. Ancyranum, can. 10 (Labb., t. I, col. 4,473): « Diaconi qui-
« cumque, cum ordinantur, si in ipsa ordinatione protestati sunt,
« dicentes, velle se habere uxores, nec posse se continere ; hi postea,
« si ad nuptias venerint, maneant in ministerio, propterea quod his
« *episcopus licentiam dederit*. Quicumque sane tacuerunt, et susce-
« perunt manus impositionem, professi continentiam, si postea ad
« nuptias venerint, a ministerio vel clero cessare debebunt laïcam
« tantum recipientes communionem. »

mettait qu'une exception, en faveur de ceux qui avaient protesté dans leur ordination de leur volonté de se marier. C'était justice, puisque en les ordonnant malgré leur protestation, l'Église avait contracté l'engagement tacite de ne point leur imposer une obligation qu'ils avaient formellement répudiée. Je voudrais bien savoir comment vous avez pu découvrir dans cette règle la consécration du mariage des prêtres.

Peut-être trouveriez-vous aussi le moyen de faire subir la même interprétation au concile de Néocésarée (1) qui, presqu'à la même date, en 315, ordonne de déposer un prêtre qui se serait marié après son ordination ?

Mais ce n'est, quoi que vous en disiez, ni le concile de Néocésarée ni celui d'Ancyre qui traitent pour la première fois du célibat ecclésiastique. Le concile d'Elvire, en 305, avait dit : « C'est une prohi-
« bition absolue pour les évêques, les prêtres, les
« diacres et tous les clercs placés dans le ministère,
« de s'abstenir de leurs femmes et de ne point avoir
« d'enfants. Quiconque l'aura violée, qu'il soit dé-
« gradé de la cléricature (2). »

(1) Concil. Neocæsarense (Labb., t. I, col. 1,479 et seq.)
(2) Concil. Eliberitanum, cap. 33 (Labb., t. I, col. 974.) : « Placuit

Plusieurs années après, en 325, la question du mariage des prêtres, s'il faut vous en croire, fut *nettement posée et longuement discutée* dans le concile de Nicée, qui *la résolut en faveur de la validité des mariages ecclésiastiques* (1). Il y a là, Monsieur, j'ai le regret de vous le dire, presque autant d'erreurs que de mots. D'abord, il ne s'agissait nullement de la validité de ces mariages. Il s'agissait simplement de défendre, par une loi expresse, aux évêques, aux prêtres et aux diacres mariés avant leur ordination, d'habiter conjugalement avec leurs femmes. L'évêque Paphnuce, célibataire d'une chasteté reconnue, s'y opposa en insistant sur la sainteté du mariage, la rigueur d'une telle prohibition et les inconvénients qui en résulteraient. Le concile jugea qu'il fallait s'en tenir à *l'ancienne tradition* de l'Église, qui interdisait aux évêques, aux prêtres, aux diacres et même à d'autres ministres inférieurs, de se marier après leur ordination. Ce sont les historiens Socrate et Sozomène qui rapportent cet incident du concile.

« in totum prohiberi episcopis, presbyteris et diaconibus, vel omni-
« bus clericis positis in ministerio, abstinere se a conjugibus suis, et
« non generare filios : quicumque vero fuerit, ab honore clericatus
« exterminetur. »

(1) *Débats*, etc., p. 20.

Si vous admettez le fait sur leur parole, prenez-le du moins tel qu'ils le racontent, et convenez que non-seulement le concile de Nicée n'a pas approuvé le mariage des prêtres, mais qu'il l'a plutôt condamné en se fixant à cette ancienne tradition de l'Église, que nous voyons encore observée par les différentes sectes orientales, et qui est nettement formulée dans le canon 26 des Apôtres, par lequel le mariage des lecteurs et des chantres est seul autorisé.

Mais cette tolérance du concile de Nicée pour la vie conjugale du prêtre dans des liens contractés avant son ordination est loin d'être certaine. Elle ne repose que sur le témoignage de Socrate et de Sozomène. Un grave commentateur des conciles (1) la révoque formellement en doute, il la traite même de fable, et s'étayant du canon 3 de ce concile, qui, à la vérité, ne me paraît pas décisif, il soutient qu'une défense expresse d'user des mariages antérieurs à l'ordination intervint et fut universellement observée. Il le confirme par la conduite de saint Basile, qui s'appuyait sur ce canon pour refuser à un prêtre septuagénaire la consolation de vivre avec sa femme, et par ce passage de saint Jérôme qui

(1) Binius (Labb., t. II, col. 72.)

était bien à même de connaître les mœurs des diverses églises : « Les Apôtres furent vierges ou con-
« tinents quoique mariés ; les évêques, les prêtres,
« les diacres sont choisis ou vierges, ou veufs, ou
« du moins, après le sacerdoce, chastes pour tou-
« jours. »

Quoi qu'il en soit, en admettant la version de Socrate et de Sozomène, on comprend la sage réserve dans laquelle s'est tenu le concile. Il y avait à craindre que les hérétiques qui condamnaient le mariage et sa fécondité comme un crime, ne détournassent au profit de leur erreur la sévère discipline dont Paphnuce fit échouer le projet. Ces hérésies remontaient à l'origine même du christianisme, et c'est ce qui explique comment le célibat ne fut peut-être pas, dès les premiers temps, d'une obligation absolue et universelle dans l'Église. Chose singulière, la secte des Apostoliques, qui prétendait se rapprocher des Apôtres par une complète imitation, comme elle en était très-voisine par sa date, était une des plus prononcées contre le mariage. Oserai-je, Monsieur, vous demander par quel secret ce fait se concilie avec ce que vous dites : « Nous
« voyons le Christ choisir autour de lui des Apôtres
« engagés dans les liens du mariage ; tous, à l'ex-

« ception de saint Paul et de saint Jean, étaient ma-
« riés (1). » Bergier n'aurait-il pas raison, quand il dit
dans son *Dictionnaire théologique*, à l'article *Célibat*,
que *saint Pierre est le seul dont le mariage soit incontestable* ?

Ce fut contre ces hérésies que le concile de Gangres promulgua les canons auxquels vous faites
allusion (2), et qui n'ont manifestement aucun rapport avec le mariage des prêtres.

Le 5o° canon des Apôtres proscrit la même erreur
aussi bien pour le clergé que pour les laïques, car la
vérité est la même pour tous, mais en se gardant bien
de porter atteinte au principe du célibat ecclésiastique, qui est l'exercice de la piété et non l'horreur
de la nature : « Si un évêque, prêtre ou diacre, ou
« de quelque degré que ce soit dans le saint minis-
« tère, s'abstient du mariage, de la viande et du vin,
« non pour s'exercer à la piété, mais parce qu'il re-

---

(1) *Débats*, etc., p. 16.

(2) *Ibid.*, p. 20 : « Trois ans après, un concile fut tenu à Gangres,
« en Paphlagonie, dans le but de décider une querelle entre saint
« Basile et Eustathe. Ce concile condamna Eustathe et promulgua
« plusieurs canons : 1° Anathème contre ceux qui blâment le ma-
« riage et qui disent qu'une femme vivant avec son mari ne peut
« être sauvée ; 2° Anathème contre ceux qui abandonnent leurs
« enfants sous prétexte de vie ascétique. »

« garde ces choses comme abominables, et qu'ou-
« blieux que toutes choses sont très-bonnes et que
« Dieu a fait l'homme de deux sexes, il calomnie
« l'œuvre divine en blasphémant, qu'il soit cor-
« rigé, ou déposé, ou rejeté de l'Église. Qu'il en
« soit fait de même pour les laïques (1). »

Ici prend naturellement place la question des *Agapètes*, contre lesquelles le concile de Nicée dirigea effectivement son 3ᵉ canon. En lui attribuant l'honneur de les avoir proscrites, vous oubliez une seconde fois, Monsieur, le concile d'Elvire célébré en 305. Voici comment est conçu son chapitre XXVII :
« Que l'évêque et tout ecclésiastique ait seulement
« auprès de soi ou sa sœur, ou sa fille vierge con-
« sacrée à Dieu ; qu'il n'ait aucune étrangère (2). »

---

(1) Can. 50 Apostolorum (Labb., t. I, col. 38) : « Si quis episcopus,
« presbyter vel diaconus, vel omnino ex sacerdotali numero, a nup-
« tiis, carnibus et vino, non propter exercitationem, sed propter
« abominationem, abstinet, oblitus quod omnia valde bona, et quod
« masculinum et femineum fecit Deus hominem, sed blasphemans
« calumniatur opificium : vel corrigatur, vel deponatur, vel ex eccle-
« sia ejiciatur. Similiter et laïcus. »

(2) Concil. Eliberit., cap. XXVII (Labb., t. I, col. 973) : « Episcopus
« vel quilibet alius clericus, aut sororem, aut filiam virginem dica-
« tam Deo, tantum secum habeat ; extraneam nequaquam habere
« placuit. »

Il est vrai, ce concile particulier, quoique d'une grande autorité, n'avait pas suffi à déraciner ce que saint Jérôme appelait si bien *la peste des Agapètes : Agapetarum pestis*, et que saint Grégoire de Nazianze et saint Cyprien flétrissaient avec tant d'énergie; j'ajouterai, avec tant de justice, encore que je n'aie pas plus que vous *le droit d'aller aussi loin qu'un père de l'Église*. En vérité, Monsieur, vous vous faites d'une modestie singulière en ne vous reconnaissant pas ce droit, au moment même où vous prenez celui de faire la leçon à toute l'Église. Pour moi, qui n'ai ni les mêmes audaces ni les mêmes scrupules, je répète volontiers avec saint Cyprien, que je cite ici, je vous l'avoue, sur votre parole sans avoir vérifié : « Refuser une femme lé- « gitime et en prendre une qui ne l'est pas, c'est « vouloir être adultère et eunuque tout ensem- « ble (1). » Je le répète, parce que j'y trouve votre condamnation. On ne peut dire plus clairement que les prêtres mariés avant leur ordination ne conservaient pas leurs femmes, et que c'était par cette porte du célibat qu'était entré l'abus des Agapètes. D'où il suit qu'avant les conciles de Nicée et d'El-

____

(1) *Débats*, etc., p. 19.

vire, c'est-à-dire, bien avant le ive siècle, l'état légal du clergé était le célibat.

Est-ce prévision de cette conséquence? Est-ce aveuglement de système? Vous admettez que l'abus des Agapètes est né du célibat, mais, par une incroyable mépris de la chronologie, vous transportez résolument la date de cette naissance au ive siècle, vers l'année 314, à l'occasion de la question *du célibat qui se pose pour la première fois au concile d'Ancyre*, c'est-à-dire, au lendemain même du concile d'Elvire qui a déjà, et sans doute par avance, fulminé contre ces désordres, et à la veille du concile de Nicée qui va les foudroyer. Vous pourriez croire que je vous calomnie. Veuillez donc vous relire.

« Mais il faut dire que dès cette époque (314)
« s'accréditait la doctrine que le mariage est antipa-
« thique à la sainteté du sacerdoce. Quelle peut
« être son explication? Il n'en est pas d'autre que
« le sentiment exagéré du sacrifice. La religion
« chrétienne, en se fondant, eut à lutter contre des
« obstacles de toute nature. Les plus terribles ne
« furent pas les persécutions, car lorsque la tête
« d'un martyr tombait, il naissait de son sang une
« foule de disciples. Ce qui devint surtout pour

« elle un sujet de deuil, ce furent les rivalités intes-
« tines, les divisions sur la doctrine, la corruption
« des mœurs. On voulut alors que les prêtres don-
« nassent l'exemple d'une sainteté exceptionnelle.
« Mais il n'en est pas moins vrai que pendant ces
« premiers siècles, le mariage des prêtres fut ad-
« mis, et ces siècles ne furent ni les moins grands
« ni les moins féconds.

« Dans toutes les sociétés civiles, les novateurs
« qui veulent aller au-delà du but marqué, appor-
« tent toujours le trouble et le désordre. C'est ce
« qui arriva alors. Comme une pieuse consolation
« aux douleurs du célibat, on vit s'introduire la
« coutume des Agapètes. Je veux parler de ces
« vierges qui vivaient en communauté ou qui s'as-
« sociaient à des ecclésiastiques dans un but de
« charité. Sous prétexte de religion, elles portaient
« le trouble dans le sacerdoce. Placées à côté du
« prêtre, elles contribuaient à exalter les âmes;
« trop souvent à allumer de coupables passions.
« Ecoutez ce que dit Durand de Maillane dans son
« *Dictionnaire du droit canonique*, au mot Agapète:
« Agape, en grec, signifie amour, d'où vient qu'on
« appelle *agapetæ*, *agapètes*, c'est-à-dire bien
« aimées, les vierges qui vivaient en communauté

« ou qui s'associaient avec des ecclésiastiques par
« un motif de piété ou de charité. Ces vierges
« étaient aussi appelées par les ecclésiastiques *sœurs*
« *adoptives* ; on leur donnait aussi le nom de *sous-*
« *introduites*. La dénomination n'y fait rien ; c'était
« toujours des femmes dont la fréquentation ne
« pouvait être que très-dangereuse pour des gens
« consacrés au célibat. Il ne faut pas être surpris si
« le concile de Nicée fit un canon exprès pour dé-
« fendre aux prêtres et aux autres clercs l'usage des
« femmes sous-introduites, et ne leur permit de re-
« tenir auprès d'eux que leurs proches parentes,
« comme la mère, la sœur et la tante. Saint Jé-
« rôme disait de son temps, touchant l'usage des
« Agapètes, qui apparemment n'était pas fini depuis
« les défenses du concile de Nicée : « *Unde agape-*
« *tarum pestis in ecclesias introiit* (1). »

Veuillez maintenant, je vous prie, écouter à votre tour, Monsieur, ce qui est historiquement vrai
sur l'origine des agapètes, et qui justifie cette institution, sans en consacrer les abus. Voici ce qu'en
dit Bergier, dans son *Dictionnaire théologique*, au
mot *agapètes* : « C'étaient, dans la primitive Église,

(1) *Débats,* etc., p. 17-19.

« des vierges qui vivaient en communauté et qui
« servaient les ecclésiastiques par pur motif de piété
« et de charité. Ce mot signifie *bien-aimée*, et
« comme le précédent (agape), il est dérivé du grec.
« Dans la première ferveur de l'Église naissante, ces
« pieuses sociétés, loin d'avoir rien de criminel,
« étaient nécessaires à bien des égards. Le petit
« nombre de vierges qui faisaient, avec la mère du
« Sauveur, partie de l'Église, et dont la plupart
« étaient parentes de Jésus-Christ ou de ses apô-
« tres, ont vécu en commun avec eux, comme tous
« les autres fidèles. Il en fut de même de celles que
« quelques apôtres prirent avec eux en allant prê-
« cher l'Évangile aux nations ; outre qu'elles étaient
« probablement leurs proches parentes, et d'ailleurs
« d'un âge et d'une vertu hors de tout soupçon, ils
« ne les retinrent auprès de leurs personnes que
« pour le seul intérêt de l'Évangile, afin de pou-
« voir, par leur moyen, comme dit saint Clément
« d'Alexandrie, introduire la foi dans certaines
« maisons, dont l'accès n'était permis qu'aux fem-
« mes. On sait que, chez les Grecs, leur apparte-
« ment était séparé, et qu'elles avaient rarement
« communication avec les hommes du dehors. On
« peut dire la même chose des vierges dont le père

« était promu aux ordres sacrés, comme des quatre
« filles de saint Philippe diacre et de plusieurs au-
« tres. Mais hors de ces cas privilégiés et de néces-
« sité, il ne paraît pas que l'Église ait jamais souf-
« fert que des vierges, sous quelque prétexte que ce
« fût, vécussent avec des ecclésiastiques autres que
« leurs plus proches parents. On voit par les plus
« anciens monuments qu'elle a toujours interdit ces
« sortes de sociétés. Tertullien, dans son livre sur
« le *Voile des vierges*, peint leur état comme un
« engagement indispensable à vivre éloignées des
« regards des hommes, à plus forte raison à fuir
« toute cohabitation avec eux. Saint Cyprien, dans
« une de ses épîtres, assure aux vierges de son temps
« que l'Église ne pouvait souffrir non-seulement
« qu'on les vît loger sous le même toit avec des
« hommes, mais encore manger à la même table.
« Le même saint évêque, instruit qu'un de ses col-
« lègues venait d'excommunier un diacre pour
« avoir logé plusieurs fois avec une vierge, félicite
« ce prélat de cette action comme d'un trait digne
« de la prudence et de la fermeté épiscopale. Enfin,
« les Pères du concile de Nicée défendent expres-
« sément à tous les ecclésiastiques d'avoir chez eux
« de ces femmes qu'on appelait *sub-introductæ*, si

« ce n'était leur mère, leur sœur ou leur tante pa-
« ternelle, à l'égard desquelles, disent-ils, ce serait
« une horreur de penser que des ministres du Sei-
« gneur fussent capables de violer les droits de la
« nature. Par cette doctrine des Pères et par les
« précautions prises par le concile de Nicée, il est
« probable que la fréquentation des agapètes et des
« ecclésiastiques avait occasionné des désordres et
« des scandales. C'est ce que semble insinuer saint
« Jérôme, quand il demande avec une sorte d'indi-
« gnation : *Unde agapetarum pestis in ecclesiam*
« *introivit?* C'est à cette même fin que saint Jean
« Chrysostome, après sa promotion au siége de
« Constantinople, écrivit deux petits traités sur le
« danger de ces sociétés; et enfin le concile général
« de Latran, sous Innocent III, en 1139, les abolit
« entièrement. »

Telle est, Monsieur, en résumé l'histoire des agapètes. Nécessaire d'abord, cette institution, comme
toutes celles dont notre humanité fournit les éléments, est devenue plus tard inutile et finalement
nuisible. En rappelant ses déviations et sa décrépi-
tude, en évoquant ces douloureux souvenirs, vous
n'avez créé qu'un hors-d'œuvre, avec ce grave inconvénient, que vous n'avez certainement pas prévu,

de distraire du débat sérieux par une médisance qui avoisine la calomnie. Car, puisque les conciles composés d'évêques et de prêtres, puisque les pasteurs et les écrivains ecclésiastiques ont protesté contre le mal et l'ont coupé dans sa racine, il fallait bien que tout le clergé n'en fut pas infesté. J'avoue que vos accusations directes ne frappent pas sur tout le corps ; mais ne l'enveloppez-vous pas tout entier dans vos insinuations ? Si vous ne faites pas des agapètes une plaie générale, votre argumentation n'a plus de nerf. Elle se réduit à dire que le célibat a eu des infractions. Je vous répondrai que le mariage en a eu pour le moins autant, et je vous demanderai si vous êtes prêt à baser sur cette triste et commune condition de toutes les choses humaines un plaidoyer pour l'abolition du mariage. La question des agapètes n'avait donc rien à faire dans celle du célibat.

Je comprends, Monsieur, que vos nombreux travaux ne vous aient pas laissé le loisir de contrôler par vous-même toutes ces données historiques. Mais je regrette que ceux qui ont préparé vos matériaux, et dont je ne veux point accuser la conscience, y aient apporté aussi peu d'attention. Ils vous auraient épargné bien des erreurs de faits, de dates, et même d'intelligence des monuments. Ils m'auraient évité, après tant d'autres qui m'ont été pénibles, croyez-le, la nouvelle rectification que m'impose l'assertion suivante : « Deux siècles plus tard, en « 680, a lieu le concile écuménique de Constanti- « nople, qui se prononce formellement pour la « validité, la nécessité du mariage, et condamne « la doctrine contraire, qui alors florissait à « Rome (1). »

Il est historiquement notoire que le second et le troisième concile de Constantinople, cinquième et sixième écuméniques, et c'est de ce dernier que vous parlez ici, n'ont point fait de canons disciplinaires. Ce fut douze ans plus tard, en 692, qu'un nouveau concile, réuni à Constantinople et appelé *in Trullo* du lieu où se tenaient ses séances, entreprit de suppléer à cette omission des deux précédents, ce qui le fit aussi nommer Quinisexte. Tâche ingrate, impossible, car un concile écuménique ne peut être suppléé ou complété que par un concile de même nature et de même autorité. Or, chacun sait que, pour être écuménique, un concile doit être convo- qué comme tel par le souverain pontife ou de son

______

(1) *Débats,* etc., p. 20.

consentement, et qu'il doit être présidé, si non par lui-même en personne, du moins par ses légats. Les décrets du concile ne jouissent eux-mêmes du privilége de l'œcuménicité qu'autant qu'ils sont revêtus de l'approbation du saint-siége. Le concile Quinisexte est dépourvu de toutes ces conditions. Loin qu'il ne fasse qu'un, comme vous l'affirmez, avec le concile de Constantinople de 680, il n'est même pas composé des mêmes évêques, à part quarante-trois. Le pape n'y est point représenté, à la place que devait occuper sa suscription à la suite des canons on lit ces mots : *Locus sanctissimi Papœ Romani.* Pour qui a la moindre notion de la constitution de l'Église, ce doute est significatif. Je dois dire néanmoins que le septième concile œcuménique et plusieurs papes ont désigné les canons du concile Quinisexte sous le nom de canons du sixième concile, et c'est peut-être ce qui a causé votre méprise. Mais cette désignation n'équivaut point à une approbation. Elle s'explique assez par la coutume de donner à un ouvrage que l'on cite son titre vulgaire, sans préjuger si ce titre est ou non mérité. De l'aveu même des canonistes grecs, de Balsamon en particulier, l'Église romaine n'a reçu que quelques-uns des 102 canons du Quinisexte, et a constamment rejeté les autres. Elle a accueilli ceux qui étaient d'accord avec les canons ecclésiastiques, et qui tirent leur force non du concile *in Trullo*, mais de ces mêmes canons. Ceux qu'elle a réprouvés portaient atteinte aux coutumes antiques et aux traditions apostoliques.

Je ne vous apprendrai certainement rien, Monsieur, en vous donnant l'occasion de relire le 36ᵉ canon Quinisexte : « Renouvelant ce qui a « été établi par les cent-cinquante Pères réunis « dans cette ville et par les six-cent-trente rassem- « blés à Calcédoine, nous décrétons que le siége de « Constantinople jouisse des mêmes priviléges que « celui de l'antique Rome, et soit compté le second « après lui. L'ordre des autres sera : le siége de la « grande ville d'Alexandrie, celui d'Antioche en- « suite, et enfin celui de Jérusalem (1). »

______

(1) Can. 36 Quinisexti (Labb., t. VI, col. 1,160.) : « Renovantes « quæ a sanctis centum quinquagenta patribus qui in hac a Deo « conservanda et regia urbe convenerunt, et sexcentis trigenta qui « Calchedone convenere, constituta sunt : decernimus ut thronus « Constantinopolitanus æqualia privilegia cum antiquæ Romæ throno « obtineat, et in ecclesiasticis ut ille rebus magnifiat, ut qui sit secun- « dus post illum. Post quem magnæ Alexandrinorum civitatis nume- « retur thronus ; deinde Antiochiæ, et post eum Hierosolymitanæ « civitatis. »

C'était aggraver, par l'insistance et le ton souverain qu'on y mettait, ce qu'avait fait le concile de Calcédoine, sans pouvoir y amener l'unanimité de ses membres et contre les protestations des légats du Pape, et que le pape Léon avait constamment refusé aux sollicitations du concile. C'était, dans un but d'agrandissement égoïste, bouleverser tous les droits consacrés, et fouler aux pieds l'humilité qui est la base des vertus chrétiennes et qui n'était ici que la justice. La conscience de cette situation perce à chaque mot dans la requête adressée à ce sujet à Rome par les Pères de Calcédoine, et les hautes raisons qui dictèrent au saint-siége son refus, aussi bien vis-à-vis du concile de Calcédoine (1) que vis-à-vis du concile *in Trullo*, éclatent dans les réponses du pape Léon à l'Évèque de Constantinople, à l'empereur Marcion et à l'impératrice Pulchérie. Relisez ces lettres, et votre honnêteté ne marchandera pas son suffrage aux sentiments qui

---

(1) Relatio sancti Synodi calchedonensis ad sanctiss. papam Romanæ Eccl. Leonem de omnibus generaliter gestis (Labb., t. IV, col. 833-837). — Epist. Leonis papæ ad Anatolium Constantin. Episcop. (*Ibid.*, col. 843-846). — Epist. ejusdem ad Marcionem Augustum (*Ibid*, col. 846-848). — Epist. ejusdem ad Pulcheriam Augustam (*Ibid.*, col. 848-849).

y sont exprimés. Vous n'êtes pas, d'ailleurs, tellement l'ami des Césars que vous puissiez admettre
que Constantinople dût abaisser devant son siége
toutes les autres Églises par ce seul motif qu'il avait
plu à Constantin d'y transporter sa pourpre.

Ainsi, tandis que les passions violaient à Constantinople, dans ce concile que vous appelez œcuménique, les plus vénérables traditions de l'Église, Rome
en conservait le respect et déployait pour leur conservation une invincible fermeté. Inflexible sur
l'ordre hiérarchique, elle le fut aussi pour le maintien de la discipline, et rejeta avec une égale constance ce canon 13 dont vous faites un argument
en faveur du mariage des prêtres. En voici l'analyse
fidèle : Il reconnait la validité des mariages contractés avant l'ordination, validité qui n'a jamais
été contestée de personne et qui n'aurait pu l'être
qu'à condition de nier l'indissolubilité du lien
conjugal ; il autorise l'usage de ces mariages après
l'ordination, avec cette restriction cependant que
les ministres de l'autel devront s'en abstenir, selon
la tradition apostolique et l'observance consacrée
par la plus haute antiquité, dans les temps où ils
sont appelés à traiter les saints mystères ; il porte
enfin la peine de la séparation et de la déposition

contre quiconque osera priver les prêtres, les diacres et les sous-diacres du bénéfice de la vie conjugale, et contre quiconque de ces ministres renverra sa femme sous un prétexte pieux (1).. Pas un

(1) Canon 13 Quinisexti (Labb., t. VI, col. 1148-1149) : « Quoniam « Romanæ Ecclesiæ pro canone traditum esse cognovimus, ut pro- « movendi ad diaconatum vel presbyteratum profiteantur se non am- « plius suis uxoribus conjungendos, nos antiquum canonem apostolicæ « perfectionis ordinisque servantes, hominum qui sunt in sacris « legitima conjugia deinceps quoque firma et stabilia esse volumus, « nequaquam eorum cum uxoribus conjunctionem dissolventes, vel « eos mutua tempore convenienti consuetudine privantes. Quamo- « brem si quis dignus inventus fuerit, qui hypodiaconus, vel diaco- « nus, vel presbyter ordinetur, is ad talem gradum nequaquam « assumi prohibeatur, si cum legitima uxore cohabitet. Sed neque « ordinationis tempore ab eo postuletur ut profiteatur se a legitima « cum uxore consuetudine abstenturum : ne ex eo a Deo constitutas « et sua præsentia benedictas nuptias injuria afficere cogamur, evan- « gelica voce exclamante : *Quæ Deus conjunxit, homo non separet,* « et apostolo docente : *Honorabiles nuptias et torum imonaculatum,* « et : *Alligatus es uxori? ne quære solutionem.* Scimus autem, sicut « et qui Carthagine convenerunt, et vitæ ministrorum honestatis « curam gerentes dixerunt ut subdiaconi, qui sacra mysteria con- « trectant, et diaconi et presbyteri secundum proprios terminos a « consortibus abstineant : ut et quod per apostolos traditum est, et « ab ipsa usque antiquitate servatum, nos quoque similiter serve- « mus, tempus in omni re scientes, et maxime in jejuniis et ora- « tione. Oportet enim eos, qui divino altari assident, in sanctorum « tractandorum tempore esse omnino continentes, ut possint id « quod a Deo simpliciter petunt obtinere. Si quis ergo fuerit ausus

mot, quoique vous vouliez bien en dire, de la nécessité du mariage. Tout au contraire, car il faut convenir que vous jouez de malheur, ce concile ne permet aux clercs de s'y engager qu'avant l'ordination du sous-diaconat (1), et il s'exprime si énergiquement contre les unions formées postérieurement à cette ordination que son langage semble indiquer que l'ordre était déjà un empêchement dirimant (2).

Il y a, si je ne m'abuse, dans cette première pé-

« præter apostolicos canones incitatus aliquem eorum qui sunt in
« sacris, presbyterorum, inquimus, vel diaconorum, vel hypodiaco-
« norum, conjunctione cum legitima uxore et consuetudine privare,
« deponatur. Similiter et si quis presbyter vel diaconus suam uxorem
« pietatis prætextu ejecerit, segregetur; et si perseveret, depo-
« natur. »

(1) Canon 6 (*Ibid.*, col. 1,144) : « Quoniam in apostolicis canoni-
« bus dictum est, eorum qui non ducta uxore in clerum promoventur,
« solos lectores et cantores uxorem posse ducere; et nos hoc servan-
« tes decernimus, ut deinceps nulli penitus hypodiacono, vel diacono,
« vel presbytero post sui ordinationem contrahere liceat. Si autem
« fuerit hoc ausus facere, deponatur. Si quis autem eorum qui in
« clerum accedunt, velit lege matrimonii mulieri conjungi antequam
« hypodiaconus, vel diaconus, vel presbyter ordinetur, hoc faciat. »

(2) Canon 3 (*Ibid.*) : « Eos qui post ordinationem uni matrimonio
« se applicarunt, hoc est, presbyteros, diaconos et hypodiaconos,
« brevi aliquo tempore a sacro ministerio prohibitos, et punitos,
« rursus propriis gradibus restitui, ad alium gradum nequaquam pro-
« promovendos, *eis nefario videlicet dissoluto conjugio.* »

riode de la vie de l'Église tout l'opposé de ce que vous y avez vu. Des apôtres au concile Quinisexte, il y a un travail marqué, persévérant, victorieux, non-seulement pour réprouver le mariage des clercs après l'ordination, mais encore pour interdire l'usage de celui qu'ils avaient contracté avant la réception des saints ordres. Sans doute ces temps sont affligés par des révoltes et des faiblesses, sans doute le moyen âge qui vient avec son chaos, avec ses luttes de tant d'éléments étrangers ou hostiles, avec ce mélange inouï des passions les plus sauvages et des vieilles dépravations de la société romaine, suscitera encore des périls, des trahisons, des combats ; mais toutes ces épreuves domptées ne servent qu'à prouver ce qu'il y avait de raison et de vitalité dans cette institution toujours attaquée et toujours triomphante. En la voyant, debout dès le commencement dans la majesté et la force de la loi, assaillie par tant de causes de mort, battue par tant d'orages, s'affermir de plus en plus sous les coups, on sent qu'elle marche à un grand avenir, et les canons de Latran et de Trente, qui le lui donnent enfin, en la sanctionnant par un empêchement dirimant au mariage, apparaissent comme la conclusion longuement élaborée et nécessaire de toute cette histoire.

Pas n'est besoin, pour dresser leur généalogie, d'exhumer, des lieux communs d'une rhétorique qui n'est pas digne de vous, le masque usé de Grégoire VII. Leurs ancêtres, ce sont tous les siècles de l'Église, c'est le Nouveau Testament, c'est la Bible. Quant à Hildebrand, il n'est pas, quoique vous en disiez, *le premier pape qui ait fait entendre des paroles menaçantes pour le célibat* (1). Nous avons entendu le pape Sirice s'exprimer, dès le IVe siècle, avec assez de sévérité, ce me semble. Laissez donc ces déclamations et ces mises en scène. Cessez de vous apitoyer sur *l'empereur d'Allemagne Henri IV humilié, en chemise, aux pieds de ce moine fougueux, qui, parti des derniers rangs de la société, était parvenu au faîte des grandeurs* (2). D'où viendrait que cette élévation d'un fils du peuple aurait le privilége exceptionnel de vous déplaire? D'où vous viendrait surtout cette sympathie pour l'empereur d'Allemagne? Auriez-vous oublié que l'empereur, c'était la force, tandis que le pape, quel que fût son nom et quelle que fût sur lui la déteinte de cet âge de fer et de vio-

(1) *Débats,* etc., p. 22.
(2) *Ibid.*

lence, c'était l'âme? Et la liberté, qu'est-elle donc que le triomphe de l'âme sur la force? Tenez, je me croirais plus libéral, quoique je ne le fusse guère, de pardonner à ce roi de France qui, dans une heure de fanatisme, *tira sur son peuple du haut du balcon de son palais* (1), que de me faire le champion de ces empereurs qui poursuivirent, pendant des siècles et au prix de tant de sang versé, l'usurpation d'une prérogative spirituelle, et, ce qui ne peut manquer de vous toucher, l'asservissement de l'Italie !

J'ai donc le droit de répéter que les canons de Latran et de Trente, par lesquels l'ordre est devenu incontestablement un empêchement dirimant religieux, n'ont fait que couronner l'œuvre de tous les siècles chrétiens. Et lorsque vous, Monsieur, vous ne voulez y voir qu'un dessein d'ambition, vous êtes obligé de fausser toute l'histoire, d'en dénaturer tous les faits, d'en changer à votre guise toutes les physionomies. Au surplus, quelle preuve apportez-vous de ce dessein? L'aveu même, ditesvous, du pape Pie IV et du cardinal Capri. Je vous laisse parler :

(1) *Ibid.*, p. 24.

« A ce concile de Trente, séparé de Grégoire VII
« par trois siècles passés, le roi de France et l'em-
« pereur d'Allemagne font protester par leurs am-
« bassadeurs contre la règle qu'on cherche à éta-
« blir. Voici la réponse du pape Pie IV : « *Il est*
« *évident que le mariage introduit dans le clergé*
« *détachera les prêtres de la dépendance du saint-*
« *siége, en tournant toute leur affection vers leurs*
« *femmes, leurs enfants et leur patrie ; que leur per-*
« *mettre de se marier, c'est détruire la hiérarchie et*
« *réduire le pape à être évéque de Rome.*

« Et le cardinal Capri ajouta : *Que les prêtres*
« *une fois mariés, leurs femmes, leurs enfants se-*
« *raient autant d'otages de leur obéissance à leur*
« *prince, et que bientôt la puissance du Pape ne*
« *dépasserait pas les barrières de Rome* (1). »

Ne dirait-on pas, à vous entendre, qu'on cherche
à établir une règle nouvelle ? Mais il n'en est rien.
Vous avez vous-même mentionné les conciles de
Latran qui sont du XIIe siècle, et d'après lesquels
l'ordre, aussi bien que les vœux solennels de religion, sont, sans contestation possible, un empêchement dirimant (2). Les premiers mots de la réponse

(1) *Débats*, etc., p. 23.
(2) Concil. Lateranense I, can. 21 (Labb., t. X, col. 899) : « Pres-

du pape Pie IV montrent aussi que ce n'était pas le célibat qu'il s'agissait d'introduire, mais bien le mariage, à la demande de l'empereur d'Allemagne et du roi de France. Les premières instructions des ambassadeurs français, en 1562, étaient d'appuyer celles des ambassadeurs allemands pour obtenir que le concile rendît aux dissidents, par une mitigation des lois ecclésiastiques, le retour plus facile (1). Il paraît que les réponses que vous citez, et que je n'ai pu vérifier, firent alors une autre impression que celles que vous désireriez leur voir produire aujourd'hui. Car, en 1563, l'année suivante, les ambassadeurs français remirent aux

« byteris, diaconibus, subdiaconibus, et monachis, concubinas habere,
« seu matrimonia contrahere penitus interdicimus; contracta quo-
« que matrimonia ab ejusmodi personis disjungi, et personas ad
« pœnitentiam redigi, juxta canonum definitionem, judicamus. »

Concil. Later. II, can. 7 (Labb., t. X, col. 1,003) : « Statuimus
« quatenus episcopi, presbyteri, diaconi, subdiaconi, regulares cano-
« nici, et monachi, atque conversi professi, qui sanctum transgre-
« dientes propositum uxores sibi copulare præsumpserint, separen-
« tur; ejusmodi namque copulationem quam contra ecclesiasticam
« regulam constat esse contractam, matrimonium non esse censemus. »

(1) Pallavicini, *Hist. Concil. Trident.*, lib. XVI, cap. x : « Injun-
« gebatur ipsis communicatio cum Cæsaris administris officiorumque
« conjunctio, ad obtinendam relaxationem legum per quam revoca-
« rentur qui desciverant. »

légats du pape trente-quatre demandes dont la première est celle-ci : « Puisque la continence des
« prêtres est nécessaire dans l'Église, que l'on n'é-
« lève au sacerdoce que des hommes d'un âge mûr
« et recommandés par le témoignage des peuples ;
« ce qui répondra de leur probité dans l'ave-
« nir (1). » Comment une si pacifique résignation
serait-elle sortie d'un argument qui aurait mis à nu
les plans ambitieux du saint-siége ?

Mais j'en appelle à tout esprit impartial, j'en
appelle à vous-même, Monsieur. Y a-t-il donc,
dans la réponse de Pie IV, autre chose que la volonté de resserrer les liens de la hiérarchie, de rat-
tacher le clergé à son centre nécessaire, et de ne
pas laisser réduire le pape à n'être plus que l'é-
vêque de Rome ? Le pape réduit à cela, c'était
l'Église réduite à Rome, car il n'est pas un catholique qui ne sache et ne professe que le pape est
l'évêque universel. Certes ce soin de maintenir l'u-
nité en maintenant l'union ne fut jamais plus justi-
fié qu'à cette heure où toute l'Église semblait prête

---

(1) *Ibid.*, lib. XIX, cap. II : « Cum adeo necessaria esset in Eccle-
« sia continentia sacerdotum, nonnisi ætate matura promoverentur,
« et populi testimonio commendati ; quod ipsorum futuræ probitatis
« pignus foret. »

à s'en aller par morceaux. Je ne dis pas que l'esprit de Pie IV fut dégagé de toute vue politique ; mais ce que j'affirme, c'est qu'en tenant ce langage il obéissait à des considérations d'un autre ordre. Le cardinal Capri les exprimait nettement en témoignant la crainte de voir les princes se faire de la femme et des enfants du prêtre un moyen de dominer sa conscience, de le séparer du centre catholique qui est Rome, et d'opprimer ainsi, par les indignes complaisances du clergé ou par un schisme ouvert, la liberté des âmes.

Je touche ici, Monsieur, à un incident douloureux de votre plaidoyer, et ce n'est pas sans une vive émotion. Lorsque de ces paroles du pape Pie IV et du cardinal Capri, auxquelles je viens de restituer leur véritable portée, vous avez conclu que « interdire le mariage des prêtres, c'est rompre « le lien qui rattache le citoyen à sa patrie, c'est « permettre que le sol de notre pays soit occupé « par une armée dont le chef est à Rome (1) », comment n'avez-vous pas songé que vous jetiez une sanglante injure à la face de quarante mille de vos concitoyens ? Et comment ceux qui avaient le droit de

____

(1) *Débats*, etc., p. 23.

vous le rappeler, n'ont-ils pas compris qu'ils en avaient le devoir ? Je fais partie de cette armée dont le chef est à Rome, je vis sous cette loi qui m'interdit le mariage, qui me l'interdit même à peine de nullité au cas où je mépriserais sa défense et ma promesse. Eh bien ! je me sens, laissez-moi vous le dire, avec la différence des services rendus et des talents, oui, je me sens tout aussi Français, tout autant citoyen que vous qui m'accusez de ne pas l'être. Quoi ! parce que je dépends du pape pour les fonctions spirituelles de mon ministère, et que, dans l'intérêt de ces mêmes fonctions, je ne puis pas me marier, je ne serais plus Français ? Mais, à ce compte, car, remarquez-le, tout catholique dépend du pape au spirituel et n'a pas, à cause des empêchements canoniques, la liberté de se marier toutes les fois que le code la lui laisse, à ce compte, dis-je, il faut opter entre cesser d'être catholique ou ne pas être Français ! Vous parlez bien haut de la liberté de conscience, et vous ne savez en faire contre nous qu'une loi d'ostracisme. C'est qu'à force d'applaudir 1789, vous finissez par ne plus entendre sa voix. La France de 1789 ne fait acception d'aucune croyance religieuse, d'aucune situation religieuse ; elle ne voit dans ses enfants que des citoyens, libres de prati-

quer leur culte et d'obéir, en tout ce qui ne trouble
pas l'ordre public, aux lois de leur conscience et de
leur communion. Il y a place à son foyer pour les
catholiques aussi bien que pour les autres. C'est de
cette France que je suis citoyen ; j'en partage les lar-
ges vues et les généreux sentiments. Mais vous, vous
les méconnaissez, quand vous soutenez ces para-
doxes, quand vous infligez à vos frères l'outrageuse
qualification de transfuges et de parias, quand vous
les représentez comme une armée d'invasion et d'oc-
cupation sur le sol de la patrie au profit d'une puissance étrangère, et tout cela parce qu'ils ont une loi
religieuse et qu'ils lui sont fidèles. Ah ! je ne dirai
pas, moi, que vous trahissez la France de 1789.
Vous avez prouvé que vous l'aimez, vous l'avez,
Dieu merci, courageusement servie, vous la servez
encore chaque jour. Mais ici, par un mystère de
séparation que j'ignore, tandis que, j'en suis sûr,
votre cœur lui restait, votre pensée et votre parole
ont déserté son esprit et sa cause.

Mais ne nous attardons pas sur une imputation
que personne ne peut prendre au sérieux, et reve-
nons sur le vrai terrain de la discussion. Vous vouliez conclure contre la loi religieuse du célibat des
prêtres. Dans ce but, je l'ai surabondamment dé-

montré, vous avez échafaudé toute une histoire de
fantaisie. Il s'ensuit que, vos prémisses étant fausses,
votre conclusion n'est pas légitime. Elle ne le serait
pas plus, quand vous auriez établi avec la dernière
évidence que le célibat des prêtres a été, pendant
les quatre premiers siècles, inconnu dans l'Église.
Car ce ne sera certainement pas vous, Monsieur, qui
nierez le progrès des sociétés et des législations.
Mieux que tout autre, par vos études et par vos
sympathies, vous connaissez cette glorieuse loi de
l'humanité. Vous savez que les rapports sociaux se
multiplient et se raffinent par le temps. Ces chan-
gements en appellent nécessairement dans les lois,
et de là vient que nos codes modernes, plus simples
en apparence, sont cependant beaucoup plus sur-
chargés que ceux de nos ancêtres, par cela même
qu'ils sont plus parfaits. Ce qui convenait à une
époque peut donc fort bien ne plus convenir à une
autre. Ce qui était permis dans les premiers siècles
de l'Église, soit pour dérober les prêtres à la persé-
cution sous le voile d'une existence commune, soit
pour ne pas rebuter les infidèles si peu faits à l'aus-
térité de la croix et surtout pour ne pas fournir un
appui à ces honteuses hérésies qui ne voyaient
qu'une débauche dans le mariage et qu'un crime

dans la paternité, peut bien n'avoir plus les mêmes raisons d'être dans une société chrétienne depuis des siècles. Vous n'avez donc rien prouvé jusqu'ici, Monsieur, et il me reste à chercher si vous n'avez pas de meilleures ressources.

Vous en avez une bien faible dans les premiers versets de la Genèse. Je vous cède la parole, afin d'en faire sentir d'autant plus la faiblesse qu'on admirera l'éloquence de la forme.

« Écoutez. Je vous parlais tout à l'heure du livre
« de la loi; prenez celui de la religion. Remontons
« par la pensée à travers la nuit des âges écoulés.
« Rien n'existe. Les temps vont commencer. Comme
« un astre radieux qui dissipe les nuées pour éclai-
« rer le firmament, l'univers sort des mains du
« souverain ordonnateur. Il le suspend à la voûte
« éthérée, l'entoure d'une atmosphère ; il établit
« les saisons, les lois de création, et quand chaque
« brin d'herbe est à sa place, il appelle l'homme
« qu'il pétrit du limon de la terre. Ce sera la plus
« belle création. Il lui donne le rayon de la beauté.
« Puis il fait passer devant lui tous les animaux de
« la terre. Et cependant tout lui manque encore.
« Et Dieu, le voyant seul, lui dit : Tu ne dois pas
« être isolé. Puis, le plongeant dans un doux som-

« meil, il tire de son sein celle qui sera plus que
« lui, qui sera sa joie, sa consolation, sa force pen-
« dant le court passage de la vie. Et Dieu dit en-
« core que la femme quittera son père et sa mère,
« que l'homme quittera le foyer domestique. Tous
« les deux ne feront qu'un, et ils formeront cette
« branche féconde d'où surgira la population de
« la terre.

« Faut-il insister après cela et demander le main-
« tien du célibat, de cette loi qui détermine des
« passions qui dessèchent le cœur ; faut-il qu'on
« laisse ainsi s'immoler des générations qui vien-
« nent offrir l'holocauste de leur propre nature à
« Dieu qui n'en veut pas ? (1) »

Qui donc, s'il vous plaît, nie que le mariage soit
la branche féconde d'où doit surgir la population
de la terre ? Nous disons seulement que, à côté du
mariage, qui est devenu dans la loi nouvelle une
chose encore plus sainte que ne l'avait fait l'Ancien
Testament, il y a place pour le célibat. Si vous êtes
chrétien, si vous admettez l'ensemble de nos livres
sacrés, vous ne pouvez disconvenir, au moins, que
l'Évangile a modifié cette loi positive de la religion

(1) *Débats*, etc., p. 15 et 16.

primitive, supposé, ce que je suis loin d'admettre,
qu'elle ait eu le caractère universel et absolu que
vous lui prêtez. Le Christ a dit : « Il y a des eunu-
« ques qui sont ainsi dès le sein de leur mère ; il y
« en a que les hommes ont faits ; il y en a enfin qui
« se sont faits eux-mêmes pour le royaume des cieux.
« Que celui qui peut saisir, saisisse (1). » Soyez après
cela, si vous voulez ou si vous ne pouvez mieux,
soyez de ceux qui ne saisissent pas, vous serez
encore chrétien. Mais ne soyez pas de ceux qui flé-
trissent et qui réprouvent. En votre qualité de juris-
consulte, vous avez l'habitude de ne point décider
une question par un seul texte du code, mais de
combiner tous ceux qui s'y rapportent. Usez pour
la loi religieuse de la même prudence, de la même
équité.

Mais peut-être voyez-vous dans le récit génésiaque
la promulgation, non d'une loi positive sujette à être
modifiée, mais d'une loi naturelle essentiellement
immuable. Je dis, peut-être ; je devrais dire, certainement. Voici comme vous vous en expliquez :

« Demandons-nous qu'elle peut-être l'origine du
« célibat. De quoi s'agit-il, si ce n'est de la violation

____

(1) Matth., chap. xix, vers. 12.

« la plus manifeste des desseins du souverain ordon--
« nateur de toutes choses? Remontant à l'essence
« même des choses, cherchons à découvrir la raison
« cachée des institutions humaines. Faudra-t-il
« beaucoup d'efforts pour démontrer que celle-ci
« n'est pas en harmonie avec le dessein général qui
« préside à l'ordre admirable du monde? Jetez les
« yeux autour de vous. Ne voyez-vous pas que tout
« se féconde, tout naît, tout se perpétue par cette
« merveilleuse loi de l'attraction de l'amour? N'ad-
« mirez-vous pas ce prodigieux ensemble de créa-
« tions nécessaires qui composent le milieu qui
« nous enveloppe, nous entraîne, nous domine?
« Partout les êtres se rapprochent et multiplient;
« partout, comme par un divin concert, les forces
« opposées se confondent et s'absorbent. Et de cette
« attraction mystérieuse, de cette immense et fé-
« conde alliance, naît la vie universelle, où l'homme
« peut n'être qu'un accident, mais où, supérieur à
« tous par son intelligence, il peut être salué comme
« le roi de la création, puisqu'il connaît Dieu, qu'il
« se connaît et connaît son semblable; puisqu'il est
« gouverné par des lois morales qui lui apprennent
« le renoncement et le sacrifice.

« L'homme échappe-t-il à cette loi suprême de

« l'amour qui étend son niveau sur tout ce qui
« existe, et qui confond tous les êtres dans son muet
« accomplissement (1)? »

Je pourrais opposer que le droit naturel étant
déterminé par la relation des êtres qu'il régit, Dieu
peut en dispenser, en introduisant dans ces rapports
la quantité variable de son action providentielle,
surtout de son action surnaturelle. Mais je préfère
discuter à fond cette prétendue loi naturelle, afin de
ne point paraître me réfugier dans un miracle. Seulement je vous préviens, Monsieur, qu'il faut cesser
d'être poëte, ce qu'on est toujours quand on est
éloquent, et que nous devons nous résigner à n'être
ici que philosophes et naturalistes, c'est-à-dire,
exacts et judicieux observateurs de la nature.

Je ne connais que deux sortes de lois naturelles :
celles qui règlent la nature physique et celles qui
s'adressent à la nature morale. Dans laquelle de ces
deux catégories rentre la loi du *Crescite et multipli-
camini?*

C'est d'abord une loi naturelle physique. Vous le
prouvez admirablement, et la Genèse ne laisse aucun doute à cet égard. Et Dieu dit : « Que la terre

(1) *Débats,* etc., p. 14 et 15.

« produise l'herbe verdoyante et féconde, et l'arbre
« qui porte son fruit, selon son espèce, et qui ait
« aussi en soi - même sa semence (1). » Et après
avoir créé les poissons et les oiseaux, Dieu les bénit
et leur dit : « Croissez et multipliez, remplissez les
« eaux de la mer, et que les oiseaux multiplient sur
« la terre (2). » Cette bénédiction s'applique évidemment aux autres animaux, et elle est répétée sur
l'homme et sur la femme (3). Elle a donc été donnée
à tout ce qui a vie sur la terre, et nous voyons, en
effet, tous les êtres vivants, dociles à cette loi, accomplir cette noble mission. Tous portent leur semence, et dans cette semence l'immortalité de leur
race. Mais cette loi physique est-elle une loi morale?
impose-t-elle l'obligation morale de réduire en acte
cette merveilleuse puissance de reproduction ? Cette
question n'a lieu que pour l'homme, seul doué de
libre arbitre.

L'obligation morale n'est pas douteuse quant à
l'espèce. Le suicide de l'espèce n'est pas plus permis
que celui de l'individu. Il serait même infiniment
plus coupable. Or, de même que la nutrition est

(1) Genèse, chap. 1, vers. 11.
(2) *Ibid.*, vers. 22.
(3) *Ibid.*, vers. 28.

ordonnée à la conservation de l'individu, la génération l'est à la conservation de l'espèce. Il y a donc
une obligation morale de croître et de multiplier.
Mais s'ensuit-il que cette obligation soit particulière
à chaque individu? Veuillez, Monsieur, écouter saint
Thomas :

« Il y a deux sortes de devoirs : l'un, qui doit
« être rempli par chacun, et personne ne peut y
« manquer sans péché; l'autre, qui doit être rempli
« par la multitude, et celui-ci ne s'impose point à
« chaque membre de la multitude. Car il y a beau-
« coup de choses nécessaires à la multitude qu'un
« seul ne suffit pas à accomplir; mais elles sont ac-
« complies par la multitude en vertu de la division
« du travail. D'après cela, le précepte de la loi na-
« turelle qui ordonne à l'homme de manger, doit
« être accompli par chacun, sans quoi la conserva-
« tion de l'individu ne pourrait avoir lieu. Mais le
« précepte qui commande d'engendrer regarde la
« multitude entière des hommes, à qui la multipli-
« cation corporelle n'est pas seulement nécessaire,
« mais aussi le progrès spirituel. Aussi est-il suffi-
« samment pourvu aux besoins de l'humanité, si les
« uns s'appliquent à sa reproduction charnelle,
« tandis que d'autres, en s'en abstenant, vaquent à la

« contemplation des choses divines pour la beauté
« et le salut de tout le genre humain. C'est ainsi
« que dans une armée les uns gardent le camp,
« d'autres portent les enseignes, d'autres enfin
« combattent avec l'épée, toutes choses qui sont le
« devoir de la multitude, mais qui ne peuvent être
« faites à la fois par chacun (1). »

Saint Thomas distingue donc dans l'humanité
deux grandes fonctions, l'une qui la propage et l'étend ici-bas, l'autre qui l'illumine des clartés cé-

---

(1) *Summa Théolog.* 2ª 2ᵐ q. 152, art. 2, ad. 1 : « Dupliciter
« autem aliquid est debitum. Uno modo, ut impleatur ab uno. Et hoc
« debitum sine peccato præteriri non potest. Aliud autem est debi-
« tum implendum a multitudine. Et ad tale debitum implendum non
« tenetur quilibet de multitudine. Multa enim sunt multitudini neces-
« saria ad quæ implenda unus non sufficit ; sed implentur a multi-
« tudine, dum unus hoc, alius illud facit. Præceptum igitur legis
« naturæ, homini datum de comestione, necesse est quod ab unoquo-
« que impleatur : aliter enim individuum conservari non posset. Sed
« præceptum datum de generatione respicit totam multitudinem
« hominum, cui necessarium est non solum quod multiplicetur car-
« naliter, sed etiam quod spiritualiter proficiat. Et ideo sufficienter
« providetur humanæ multitudini, si quidam carnali generationi
« operam dent, quidam vero ab hac abstinentes, divinorum contem-
« plationi vacent ad totius humani generis pulchritudinem et salu-
« tem. Sicut etiam in exercitu quidam castra custodiunt, quidam
« signa deferunt, quidam gladiis decertant, quæ tamen omnia debita
« sunt multitudini, sed per unum impleri non possunt. »

lestes et l'entraîne vers Dieu. Quant à l'incompatibilité, non pas absolue, mais plus favorable, de ces deux fonctions, saint Thomas se contente d'en énoncer le fait, que les juifs et les païens eux-mêmes ont eu en honneur et en pratique, quoi que vous en disiez (1); il n'en donne pas la raison, mais elle est dans saint Paul : c'est le *divisus est* de l'homme marié, par lequel l'apôtre recommandait le célibat. Méditez cet aspect élevé de la question, et vous ne refuserez plus d'unir votre suffrage à celui de l'humanité et de Dieu.

Oui, Monsieur, le suffrage de Dieu, non-seulement dans la révélation, mais dans le muet langage de la nature. La moitié des enfants meurt avant d'avoir atteint l'âge de puberté. Longtemps après cet âge, jusqu'à ce qu'ils soient entrés dans les liens du mariage, la continence est, pour ceux qui survivent, un devoir. Il n'y a personne qui soit tant soit peu versé dans la statistique des naissances et qui ignore que, si la proportion des deux sexes est à peu près égale dans certaines régions, d'autres contrées se distinguent par une prédominance très-marquée, soit de l'un soit de l'autre. Ce défaut d'é-

---

(1) *Débats*, etc., p. 16.

quilibre pose nécessairement dans ces pays, entre l'obligation morale du célibat et celle de la polyga- mie ou de la polyandrie, un dilemme dont la so- lution ne peut être douteuse. **Dans** les climats plus tempérés, où la balance oscille sans pencher décidé- ment d'un côté, le seul fait de ne pas se marier a-t-il jamais constitué, aux yeux du bon sens, une viola- tion de la loi morale? Et n'a-t-on pas toujours es- timé que ceux qui sont placés en dehors de cette condition normale de la propagation de notre espèce n'y apportent point un concours légitime? Enfin, voulez-vous le coup de grâce? ce n'est pas moi, c'est la nature qui vous le donne. Si la reproduction était pour chaque homme un devoir, c'est qu'il ne lui serait pas loisible de condamner chez lui au repos cette puissance que nous voyons partout en activité dans le monde. Or, pesez ce principe, creusez-le jusqu'au fond. Cette puissance est en nous, comme la vie, successive. De même que la plante jette en terre sa semence chaque fois qu'elle est mûre, de même aucun des germes qui contiennent l'avenir de l'humanité ne devrait rester infécond. Que deviennent dès lors ces jeunes années dont la chasteté devait nous armer pour la fidélité? Quel sort leur faites-vous? Vous les forcez à choisir entre

l'ignoble divorce des sens et de l'âme, et les rui-
neuses prodigalités d'un cœur qui s'use avant de se
donner. Et plus tard, quand l'heure de la constance
aura sonné, quand les serments de l'honneur et de
l'amour se seront échangés, comment l'absence ou
la maladie n'introduiraient-elles pas l'adultère sous
le voile des noces, comme un hôte consacré? Mais
voilà que, après avoir renversé la morale, votre
système se heurte contre la barrière indomptable
des lois physiques. C'est le témoignage de la science
que la nature condamne impitoyablement à la
stérilité l'immense majorité de ses germes. Un seul
suffit à reproduire la vie, et dans chacun des
mystères qui en allument la flamme, des milliers
sont dépensés et périssent, sans parler de ces
incompréhensibles hasards qui ne se lassent point
d'opposer à la poursuite persévérante d'une pos-
térité d'inexorables refus. Voyez les plantes, et
comptez, si vous le pouvez, la multiplication dont
leurs rameaux et leurs fleurs portent la prodigieuse
espérance : combien d'œuvres achevées sortiront
de toutes ces ébauches? Faites subir le même cal-
cul aux animaux, ils vous répondront par d'égales
promesses également trompées. Pourquoi cette pro-
fusion pour aboutir à cette parcimonie? Ah! la

Providence a bien fait de se reprendre, car si elle n'arrêtait cette gigantesque invasion, la terre, écrasée sous le poids de la vie, n'aurait plus à lui offrir, sur ses mamelles épuisées, que le supplice de la faim et le théâtre d'une effroyable agonie. Aussi non-seulement les lois de la génération, mais celles de la gestation la refoulent, et, en particulier chez l'homme, le mariage livré au libre arbitre la retient en des limites sagement mesurées. Mais pourquoi la faute qui a causé ce repentir? Pourquoi la nature ne peut-elle vivre, comme ce Dieu de l'antiquité, qu'en dévorant ses enfants? Je n'en vois qu'une raison digne du souverain ordonnateur des choses. Il a voulu, en nous montrant cette fatale inégalité à tous les degrés de la vie, nous faire comprendre que nous n'avons point le devoir d'en poursuivre le chimérique redressement. Il a voulu, en plaçant, en face de la loi universelle de multiplication que vous objectez, cette loi universelle de *jactura*, comme diraient les latins, nous faire, à sa ressemblance, authentiquement libres dans le choix de nos œuvres ou de notre repos. De même que sa puissance créatrice se joue parmi les êtres possibles, libre de n'en réaliser aucun, ou, s'il lui plaît d'agir, prenant les uns et dédaignant les autres, de même nous avons nos possibles, et nous pouvons à notre gré distribuer l'évocation de la vie ou en retenir à jamais le flot captif dans notre sein. Ainsi l'abstention du mariage n'est pas coupable en soi, elle ne le devient que par son motif, mais elle partage en cela les chances du mariage lui-même. Tandis que les uns l'embrassent par la noble ambition d'une culture plus haute, d'autres la profanent par un lâche et voluptueux égoïsme. Honorable dans les premiers, elle est criminelle dans les seconds. Or, au milieu de cette mêlée, le célibat du prêtre ajoute à l'honneur de son motif celui de son action : il aide tous les autres à se contenir dans la moralité ou à y revenir. De son exemple, comme de la croix, descendent sur les victimes de la nécessité ou de leur propre choix, qu'elles soient pures ou souillées, la force et la consolation !

Je viens de parler de moralité, et c'est précisément, Monsieur, un côté par lequel vous vous êtes plu à attaquer le célibat des prêtres. Vous avez osé dire : « Faut-il insister après cela et demander le « maintien du célibat, de cette loi qui détermine « des passions qui dessèchent le cœur (1)? » Je ne

(1) *Débats*, etc., p. 16.

connais que deux passions qui se puissent désigner
de la sorte : l'avarice, et une autre que je ne nom-
merai pas plus que vous ne l'avez fait. La pauvreté
de notre clergé et son dévoûment mettent la première hors de cause. Quant à la seconde, puisque,
d'une main qui sait être encore délicate en ne res-
pectant rien , vous voulez soulever tous les voiles ,
laissez-moi vous dire que le prêtre n'est pas seulement voué au célibat , mais à la chasteté, et vous
n'ignorez pas, je suppose, ce que renferme ce mot.
Vous faites entendre qu'il y manque de la manière
la plus odieuse, la plus flétrissante. Quelles preuves
en avez-vous? Cette insinuation révoltante peut bien
reposer sur une certaine connaissance de notre nature et de ses plus misérables échecs, mais elle est
trop oublieuse de ce que peut une conscience honnête et de ce qui se puise d'énergie dans le pain des
forts et le vin qui fait germer les vierges.

Vous ajoutez, toujours en parlant du prêtre :

« De quel droit lui infligez-vous ce supplice?

« Et s'il y échappe secrètement?...

« Je m'arrête. Je ne veux pas fouiller vos greffes,
« interroger les statistiques, prêter l'oreille aux ré-
« vélations de la police. J'aurais trop d'avantages

« si je touchais à ces lamentables sujets. Je les
« écarte (1)... »

Eh bien ! non, Monsieur, ne les écartez pas. Met-
tez-les au grand jour. Il y a des choses, et celles-ci
sont du nombre, pour lesquelles j'ai toujours pensé
que la lumière vaut mieux que la pénombre. Si
l'attaque par insinuation et par réticence est plus
commode, elle est en revanche moins courageuse et
plus cruelle, parce qu'elle n'est pas définie. Que
voulez-vous dire? Que la loi du célibat a été violée,
qu'elle l'est encore? Eh! mon Dieu, l'histoire de
l'Église est pleine de cette lutte de la loi contre ses
violateurs. Vous ne le direz jamais aussi haut que le
pape Sirice et les conciles dont vous retrouvez dans
ces pages l'écho indigné. Mais depuis quand une
loi doit-elle être abolie, parce qu'il y a des misérables et des faibles qui ne l'observent pas ? Déchirez
alors tous vos codes, car je pourrais aussi fouiller
vos greffes, interroger les statistiques, prêter l'o-
reille aux révélations de la police. Déchirez donc
tous vos codes, et à côté de votre plaidoyer contre
le célibat ecclésiastique, faites-en un, comme j'ai
déjà eu l'honneur de vous le dire, dans lequel vous

(1) *Ibid.*, p. 44.

envelopperez, avec tous les devoirs garantis par nos lois, la sainteté de ce lien conjugal lui-même auquel vous conviez les prêtres.

Mais vous sentez, Monsieur, et vous exprimez trop bien les joies intimes de la famille pour tomber jamais dans cette conséquence. Que j'aime vous les entendre décrire avec cette exquise sérénité de pinceau qui ne peut venir que de l'âme !

« J'en appelle à tous ceux qui ont un cœur.
« Quand ils ont ressenti en eux cette puissance
« assurée qui permet à l'homme de se reposer en
« lui-même et d'avoir confiance dans sa destinée,
« n'est-ce pas le jour où leur union avec une
« femme aimée complète leur existence ? Avant, ils
« étaient troublés, inquiets, agités ; leur bonheur
« sentait la fièvre ; leur âme errante ne savait où se
« fixer. Les voici dans leur maison. Le soir s'est
« fait au dehors ; tout est silence, obscurité ; mais
« là, au foyer, brille une douce clarté ; elle éclaire
« le travail de l'ouvrier, de l'artiste, de l'avocat,
« de l'homme de lettres. Les heures s'enfuient ; il
« ne songe pas à les retenir ; il est courageusement
« à sa tâche ; sa femme lui sourit. Dans ce berceau,
« l'ange gardien veille sur la tête adorée de son
« enfant. N'est-ce pas là la grandeur et la joie d

« l'homme? Disparaissez, fausses jouissances, folles
« vanités, ambitions dévorantes, vous n'êtes rien
« en face de ce simple tableau (1). »

Vous nous plaignez, Monsieur, et vous avez raison. C'est là, en effet, le grand sacrifice du prêtre.
En l'acceptant, sa pieuse jeunesse le soupçonne souvent plus qu'elle n'en connaît la réelle étendue.
Mais n'est-ce pas le sort de tous nos engagements?
Quel est le seuil ici-bas où l'illusion ne soit assise?
Quelle est la carrière où elle n'enchante nos premiers pas, en les guidant vers les froides et dures
réalités avec lesquelles nos âmes initiées seront
bientôt aux prises? A quel foyer, par exemple,
rencontrerez-vous ce tableau si pur, si radieux que
vous venez de tracer? Permettez que j'enlève le
prisme de votre imagination et de votre parole, et
dites s'il y aurait beaucoup plus d'exagération à s'é-
crier à propos du mariage qu'à propos du célibat :
« Cette loi, considérée comme une arche sainte, est
« un autel à double face : à l'une, j'entends gémir
« des victimes; à l'autre, j'écoute les blasphèmes
« des révoltés (2). » Cela n'est pas plus vrai du cé-

(1) *Débats*, etc., p. 43.
(2) *Ibid.*, p. 42.

libat que du mariage ; mais, grâce à Dieu, cela n'est vrai ni de l'un ni de l'autre. Ce qui est vrai, c'est que toute existence humaine a ses ombres et ses épines. La nôtre, je le confesse, plus qu'une autre, à la considérer humainement. Mais elle a ses compensations qui lui viennent d'en haut et qui naissent autour d'elle des fruits de son immolation. Ne comprenez-vous pas ce qu'il y a de calme ivresse et de plénitude de cœur à se sacrifier pour Dieu et pour les hommes, comme ce fils de Dieu fait homme pour le salut de tous ? Ah ! ne nous plaignez plus ; mais plutôt, comme les victimes antiques, couronnez-nous de fleurs !

Ainsi, Monsieur, se retourne contre vous tout ce que vous avez entassé contre la loi religieuse du célibat des prêtres. Les plus anciens monuments de l'Église démentent les témoignages que vous leur empruntez. Il n'y a pas un fait de son histoire qui n'ait concouru au développement de cette discipline, pas une parole sortie de sa bouche qui n'ait versé sur elle une consécration. Dans le nouveau Testament, ce sont les lèvres de Jésus-Christ qui en répandent la divine semence ; c'est la plume des Apôtres qui ouvre sur la terre à ses racines déjà vivantes d'imméconnaissables sillons, et nous montre parmi les merveilles du ciel le privilége de sa gloire. L'ancienne loi, dans le sacerdoce de Lévi, le paganisme lui-même, dans ses plus pures institutions, en contiennent le pressentiment et l'ébauche. La nature proteste contre les violences que vous lui faites subir par vos théories absolues, issues d'une observation imparfaite de ses lois; elle les saisit dans l'invincible dilemme de ses lois morales et de ses lois physiques et les réduit en poudre. Nous-mêmes enfin, sans vous en vouloir des misérables regrets que vous nous prêtez, essuyant d'une main les larmes que nous donnons à toutes les chutes, à celles surtout de nos frères, nous nous attachons de l'autre à la chair vierge de Jésus-Christ sur la croix, et nous répétons dans notre propre chair, avec l'humble fierté du sacrifice, au monde qui nous entend et nous voit, cette parole de l'apôtre, qui résume toute l'idée chrétienne : « Les prédestinés de Dieu doivent « être conformes à l'image de son Fils (1)! »

(1) Rom., chap. viii, vers. 29 : « Quos præscivit et prædestinavit « conformes fieri imaginis Filii sui. »

II.

Est-ce à dire, Monsieur, que je me sépare de vous quant à la seconde partie de votre thèse, relative au droit civil, la seule que vous eussiez dû présenter au tribunal de Périgueux? Non, car ces deux points de vue sont distincts, et je me garderai de tomber dans la confusion que je vous ai reprochée. En entrant à votre suite dans le sanctuaire des lois civiles, je dépouille toute arrière pensée de parti même religieux, et je n'apporte qu'une oreille docile et un esprit sincère aux oracles que je viens écouter. Toute la question se résume en deux mots : Que dit la loi sur le mariage des prêtres ?

Vous prétendez, Monsieur, qu'elle est muette, et vous citez comme témoins de son silence d'éminents jurisconsultes, aux lumières desquels je me plais à rendre hommage avec vous. Mais, en face de ces

autorités, j'entends la voix solennelle de la magistrature. Si quelques tribunaux de première instance
partagent votre opinion, tous les arrêts des cours
souveraines et de la cour de cassation lui infligent
une réprobation unanime et constante. Est-il possible que cette jurisprudence n'ait point de racines
dans la loi?

Si j'en étais convaincu, et si j'avais l'honneur de
faire partie d'un corps législatif qui, par une regret-
table différence avec nos anciennes chambres, ne
fût pas privé de toute initiative, je reprendrais, en
la modifiant, la proposition que M. Portalis fils
présentait à la chambre des députés, le 23 février
1833 (1). Je demanderais qu'*il fut interdit aux tribunaux d'admettre, dans aucun cas, d'autres empêchements au mariage que ceux qui sont nominative-
ment énoncés,* je ne dirais pas, comme M. Portalis,
au titre du mariage du code civil, mais *dans les lois civiles.* Et si l'on me répondait avec M. Dupin, pour
écarter ma proposition, qu'*il y a une bonne loi et
un mauvais arrêt* (2), je dirais que je ne m'inquiète
point de la valeur de la loi ni de celle des arrêts ;

(1) *Débats*, etc., p. 34.
(2) *Ibid.*, p. 36.

que tout ce que je sais, c'est qu'il y a un fait anormal, intolérable dans un pays civilisé, c'est qu'il y a des citoyens dont les droits et les devoirs sont si peu clairement déterminés et garantis par les lois, qu'ils sont livrés à l'arbitraire des juges, c'est que cet arbitraire, pour être d'une invariable constance, n'en est pas moins l'arbitraire, et que cette constance même aggrave le désordre, en confondant, par l'effet de la jurisprudence, dans les mains de la magistrature le pouvoir législatif avec pouvoir judiciaire. Cet état de choses, s'il existait, quelles qu'en fussent les conséquences favorables ou non à l'Eglise, je le combattrais de toutes mes forces, car j'estimerai toujours une tache pour mon pays qu'un seul citoyen français soit soumis à un autre sceptre qu'à celui de la loi.

Mais, en même temps, je provoquerais un examen sérieux de la question du célibat des prêtres au point de vue civil. Parce que la persistance des tribunaux revêt, à mes yeux, pour le moins d'une consécration d'opportunité, la mesure qui exclurait à jamais le prêtre du mariage légal, je voudrais que cette mesure fût étudiée dans ses rapports avec les principes de notre droit public et dans les motifs spéciaux qui pourraient la dicter, et qu'elle fût enfin tranchée par la loi. Quel parti prendrais-je dans cette discussion ? A coup sûr, Monsieur, je vous le dis franchement, celui de la prohibition. Veuillez vous contenter pour le moment de cet aveu. Mes raisons viendront tout à l'heure. Elles sortiront des entrailles même de notre législation, car, grâce à Dieu, la magistrature ne s'est point rendue coupable de l'attentat que vous lui imputez, il n'y a point divorce entre sa jurisprudence et la loi.

Vous remontez bien haut pour établir ce divorce. Vous vous attachez à démontrer que depuis l'origine de notre législation, les canons de l'Église concernant le célibat ecclésiastique n'ont jamais eu en France force de lois civiles. Votre point de départ est Charlemagne et ses capitulaires. Vous dites :

« L'empereur Charlemagne, qui s'est occupé lar-
« gement de législation, a reproduit les lois de Jus-
« tinien, et décrété sagement que le prêtre qui
« se marie ne pourra plus exercer le saint minis-
« tère (1). »

Or, si les règles de Charlemagne n'étaient que la reproduction des lois de Justinien, celles-ci n'étaient

(1) *Débats*, etc., p. 24.

que l'adoption légale des canons de l'Église sur le mariage des prêtres. Au temps de Justinien, c'est-à-dire au IVe siècle, j'ai déjà eu l'honneur de vous le dire, la discipline de l'Église ne punissait le mariage du prêtre que par la déposition du sacerdoce. On ne trouve, dans les monuments de cette époque, qu'une seule loi qui frappe d'invalidité ces unions; et cette loi est de Justinien. M. Mie, votre jeune confrère, a prétendu qu'elle fut arrachée à l'empereur par les instances du pape. En présence du silence de la législation canonique, je croirais être mieux dans le vrai, en y voyant un de ces zèles outrés qui emportent souvent la sévérité des pieux laïques beaucoup plus loin que celle de l'Église. Justinien se repentit de cet excès et revint dans ses lois postérieures purement et simplement aux règles canoniques. Charlemagne fit de même. Car avant lui, on ne trouve qu'un seul texte qui autorise à penser que l'ordre fut dès lors un empêchement dirimant. C'est un canon du concile Quinisexte ou *in Trullo*, dont j'ai déjà parlé, concile que vous avez décoré du titre d'œcuménique. Charlemagne, qui n'était probablement pas sur ce concile du même avis que vous, a contenu ses lois, comme l'Église y contenait les siennes, dans les limites que vous indiquez.

Vous poursuivez : « Les canons du concile de
« Trente ont été vainement présentés à la France,
« qui, grâce à l'indépendance de ses parlements, les
« a repoussés. Tous les historiens sont d'accord à
« cet égard, et les registres du parlement viennent
« confirmer mon argumentation (1). »

Personne n'ignore, Monsieur, que le concile de
Trente n'a pas été reçu en France, dans sa totalité,
par le pouvoir séculier. Mais tout le monde doit
savoir, en revanche, que plusieurs de ses dispositions sont passées dans les coutumes et dans les lois
civiles de nos pères. Ni les historiens ni les registres
du parlement ne contredisent cela.

Vous continuez : « J'ai dit qu'un seul édit fait
« exception dans notre législation civile : il est du
« 4 août 1564, et porte la signature de l'ordonna-
« teur de cette mise en scène terrible qui s'appelle
« la Saint-Barthélemy. *Les prêtres, moines, reli-*
« *gieux profès,* décrète Charles IX, *qui se sont ma-*
« *riés, seront contraints de quitter leurs femmes et*
« *retourner en leurs couvents et première vocation,*
« *ou se retirer hors du royaume.* Merlin pense que
« cette déclaration était purement politique et diri-

______

(1) *Débats*, etc., p. 24.

« gée contre les huguenots. Au surplus, je ne pense
« pas que personne dans cette enceinte veuille se
« faire le champion de ce roi qui tira sur son peuple
« du haut du balcon de son palais (1). »

Je penserais volontiers comme Merlin, que cette
déclaration est purement politique et dirigée contre
les huguenots. Je penserais encore très-volontiers
comme vous, Monsieur, sur la Saint-Barthélemy,
sur cet assassinat en masse ordonné par un roi et
accompli de ses propres mains sur son peuple à
coups d'arquebuse. Mais où nul ne pensera comme
vous, c'est lorsque vous faites de la personne du
législateur un argument contre l'obligation de
la loi.

Vous terminez enfin : « La société victorieuse
« proclame ses dogmes dans la constitution de
« 1791. Cette constitution règle minutieusement
« tout ce qui est relatif aux droits des citoyens, et
« aucun empêchement au mariage des prêtres n'est
« formulé. Le 19 juillet 1793, un décret de la Con-
« vention stipule que *les évêques qui apporteraient*
« *soit directement, soit indirectement, quelque obs-*
« *tacle au mariage des prêtres, seront déportés et*

______

(1) *Débats*, etc., p. 24.

« *remplacés*. Éternel retour des mêmes excès et des
« mêmes violences ! Cette parole de haine proférée
« par les législateurs de 1793, est à travers les
« temps, une réponse aux anathèmes du concile de
« Trente (1). »

Permettez-moi, Monsieur, de passer en souriant
devant ce rapprochement, et de tirer précisément
du fait qui vous l'inspire un argument contre vous.
Après avoir rappelé l'acharnement avec lequel la
Convention nationale poussait les prêtres au mariage, et multipliait les sévérités contre tous ceux
qui mettraient obstacle à ces unions, M. le procureur impérial se demande : « Qui voudra croire
« que la Convention nationale ne combattait pas,
« dans cette série de décrets, un ennemi réelle-
« ment existant ? et quel était cet ennemi, sinon
« la loi antérieure qu'il s'agissait de déraciner
« par les moyens les plus violents, malgré les pro-
« testations du peuple, *qui inquiétait les prêtres
« pour raison de leur mariage* (2) ? » Oui, certainement, il y avait à cette époque un ennemi réel
du mariage des prêtres, et cet ennemi était une

(1) *Débats*, etc., p. 25.
(2) *Ibid.*, p. 110.

loi antérieure qui avait tellement pénétré dans le peuple qu'elle s'était fait de ses sentiments une armée formidable. Or, il faudrait avoir une bien fausse idée de l'état des esprits et des mœurs en France sous l'ancien regime pour ignorer qu'un tel empire ne pouvait appartenir à une loi religieuse qu'autant qu'elle avait reçu la sanction de l'État.

A cet indice viennent se joindre d'éclatants témoignages :

« La puissance séculière en France, dit Pothier,
« a adopté et confirmé la discipline ecclésiastique.
« Les parlements, conformément, regardaient les
« ordres sacrés comme un empêchement diri-
« mant (1). »

La constitution de 1791 déclare, dans son préambule, que : « la loi ne reconnaît plus ni vœux re-
« ligieux ni aucun autre engagement qui serait
« contraire aux droits naturels. » Or chacun sait ce que l'on entendait alors par ces derniers mots, grâce aux préoccupations d'une philosophie qui, heureusement, n'a plus cours aujourd'hui : c'étaient tous les engagements qui entraînaient une obligation re-

____

(1) Pothier, *Traité du mariage*, n° 117.

ligieuse irrévocable, par conséquent celui du célibat perpétuel des prêtres aussi bien que celui du mariage indissoluble. Aussi M. le procureur impérial a-t-il eu raison de dire : « La loi ne reconnaît *plus*...
« Elle les reconnaissait donc auparavant (1). »

Vous-même, Monsieur, vous rapportez ces paroles de M. Portalis : « L'engagement dans les or-
« dres sacrés, le vœu monastique et la disparité du
« culte, *qui, dans l'ancienne jurisprudence, étaient*
« *des empêchements dirimants, ne le sont plus* (2). »

Je sais qu'en vous opposant ces deux dernières autorités, je me les oppose à moi-même. Mais, n'eussé-je aucun moyen d'éviter leur choc, de quel droit me reprocheriez-vous une contradiction toute pareille, quoique inverse, à celle que vous-même, en les citant, vous vous êtes condamné à subir ? Vous les invoquez pour nier l'obligation du célibat perpétuel des prêtres dans notre droit moderne, et vous les comptez pour rien lorsqu'il s'agit de retirer à cette obligation la protection de notre droit ancien. Votre éclectisme n'a pas d'autre raison que la fameuse maxime de Luther : *Sit pro ratione vo-*

(1) *Débats*, etc., p. 110.
(2) *Ibid.*, p. 30.

luntas. Le mien a sur le vôtre cet avantage qu'il juge d'un fait historique par des témoins compétents, et qu'il ne les récuse que sur un terrain où leur valeur est très-problématique, je devrais dire nulle, pour dire toute la vérité.

Il y aurait bien des observations à faire sur la constitution de 1791, spécialement sur ce passage de son préambule. On pourrait demander jusqu'à quel point une constitution est encore en vigueur, lorsqu'elle a été remplacée par tant d'autres. Et il serait difficile de ne pas répondre ou qu'elle est entièrement annulée ou qu'elle ne subsiste que dans celles de ses dispositions qui ne sont point contredites par les constitutions subséquentes. C'est à cette dernière réponse, Monsieur, que je m'arrête pour ma part, et parce qu'elle vous est le plus favorable, et parce que je la crois vraie, la vie d'un peuple étant, à mes yeux, comme celle de l'individu, soumise à une loi de continuité, qu'il n'est pas plus permis de méconnaître dans la théorie qu'il n'est licite d'y attenter dans la pratique par une action violente. J'admets donc bien volontiers que la reconnaissance légale fut retirée en 1791 aux engagements ecclésiastiques du même coup qu'aux vœux monastiques. J'admets encore que la reconnaissance légale n'a pas été rendue aux vœux monastiques. Mais je soutiens qu'il en est tout autrement des engagements ecclésiastiques depuis le concordat. Car la moindre portée qu'on puisse attribuer à cet acte est d'avoir restitué l'existence légale à ce qu'il y a d'essentiel dans la hiérarchie de l'Église catholique. Outre qu'il n'aurait aucun sens, s'il n'avait pas celui-là, les articles organiques, publiés à sa suite, en fournissent la preuve évidente. Si donc on ne peut dire que le concordat ait modifié les lois précédentes relativement aux vœux dans les ordres religieux, lesquels ne font point partie de la hiérarchie et ne sont à côté d'elle, quelle que soit d'ailleurs leur importance, qu'un accessoire, on doit affirmer que la reconnaissance légale de la hiérarchie emporte celle du célibat ecclésiastique qui en est la condition. Ainsi se trouve réparée, dans une mesure appropriée aux principes modernes, la rupture introduite dans la vie religieuse de la France par les égarements de la révolution. Ce fut si bien la pensée du législateur, qu'il releva de ses mains par les articles organiques, émanés de lui seul, remarquez-le bien, je le démontrerai tout à l'heure, tous les antiques usages de notre monarchie dans ses rapports avec l'Église.

Tel est le vrai caractère de cette législation spéciale, que l'on cherche à obscurcir par les déclarations de M. Portalis, soit à propos du Code civil, soit
à propos d'elle-même. Je n'irai point puiser des armes contre elles dans les lettres administratives que
M. Portalis écrivit plus tard, comme ministre et par
ordre, soit à l'archevêque de Bordeaux, soit au préfet de la Seine-Inférieure. Les ordres arbitraires du
despotisme ne sont pas plus de mon goût que du
vôtre. J'estime qu'ils ne changent rien aux lois, et
je ne pourrai jamais sans un étonnement douloureux les entendre invoquer dans le temple de la
justice par les défenseurs-nés de la loi. Je n'oppo-
serai donc point M. Portalis à M. Portalis. Je dirai
seulement : M. Portalis n'est pas la loi ; après avoir
été un de ses artisans, il en a été l'avocat, voilà tout.
Rappelez-vous , Monsieur, l'état des esprits dont
M. Portalis avait à solliciter le concours, et vous
comprendrez le secret de ses déclarations qui sont
aussi loin, du reste, de votre système que du mien.

« Quelques personnes, disait-il en présentant au
« Corps législatif la loi organique du concordat, se
« plaindront peut-être de ce que l'on n'a pas con-
« servé le mariage des prêtres. Ces dangers (du
« célibat) sont écartés par nos lois dont les dispo-

« sitions ont mis dans les mains du gouverne-
« ment les moyens faciles de concilier l'intérêt de
« la religion avec celui de la société. En effet, d'une
« part, nous n'admettons plus que les ministres
« dont l'existence est nécessaire à l'exercice du
« culte, ce qui diminue considérablement le nom-
« bre des personnes qui se vouaient anciennement
« au célibat. D'autre part, pour les ministres mê-
« mes que nous conservons, et à qui le célibat est
« ordonné par les règlements ecclésiastiques, la dé-
« fense, qui leur est faite du mariage par ces rè-
« glements, n'est point consacrée comme empêche-
« ment dirimant dans l'ordre civil. Ainsi, leur
« mariage, s'ils en contractaient un, ne serait point
« nul aux yeux des lois politiques et civiles, et les
« enfants qui en naîtraient seraient légitimes. Mais
« dans le for intérieur et dans l'ordre religieux, ils
« s'exposeraient aux peines spirituelles prononcées
« par les lois canoniques. Ils continueraient à jouir
« de leurs droits de famille et de cité, mais ils se-
« raient tenus de s'abstenir de l'exercice du sacer-
« doce. Conséquemment, sans affaiblir le nerf de la
« discipline de l'Église, on conserve aux individus
« toute la liberté et tous les avantages garantis par
« les lois de l'État. »

J'ai beau faire. En présence de ce texte, je ne puis partager l'opinion de M. le procureur impérial lorsqu'il dit : « La législation canonique reconnaissait
« deux sortes d'empêchements : l'empêchement pro-
« hibitif et l'empêchement dirimant. Le premier
« était suffisant pour empêcher le mariage, mais ne
« suffisait pas pour faire annuler un mariage célé-
« bré ; le second pouvait produire l'un et l'autre de
« ces effets. Or, l'engagement dans les ordres sacrés
« était à la fois prohibitif et dirimant ; et Portalis,
« en déclarant que cet empêchement n'était pas
« consacré comme dirimant dans l'ordre civil, ne
« lui a pas enlevé son caractère d'empêchement
« prohibitif (1). »

Sans doute, le texte lui-même n'est pas absolument inconciliable avec un empêchement prohibitif, à condition toutefois d'effacer la dernière phrase qui ne contiendrait plus qu'une amère dérision. De quelle liberté parlerait donc M. Portalis? d'une liberté qui serait enchaînée et qui ne pourrait entrer en exercice qu'en se jouant des lois. Et ce serait là *toute la liberté garantie par les lois de l'État!*

Mais ce qui est décisif, c'est la singulière contra-

(1) *Débats,* etc., p. 113-114.

diction où tombe M. le procureur impérial en prétendant d'une part que les canons qui interdisent le mariage des prêtres sont rétablis par les articles 6 et 26 de la loi organique, et d'autre part que ces canons n'ont plus parmi nous qu'un effet prohibitif. Cette interprétation échoue contre ce simple dilemme : Ou le canon est relevé, et alors il a force de loi tel qu'il est, c'est-à-dire comme empêchement dirimant, ou bien il n'a pas force de loi, et vous ne pouvez en déduire un empêchement prohibitif, car il n'a aucun effet légal.

C'est à cette dernière alternative que M. Portalis me paraît s'être fixé. « Si les ministres de l'Église « peuvent et doivent veiller sur la sainteté du sa- « crement, disait-il au Corps législatif, l'année sui- « vante, à propos du titre du Mariage du Code ci- « vil, la puissance civile est seule en droit de veiller « sur la validité du contrat. Les réserves et les pré- « cautions dont les ministres de l'Église peuvent « user pour pourvoir à l'objet religieux, ne peu- « vent, dans aucun cas ni en aucune manière, in- « fluer sur le mariage même, qui, en soi, est un « objet temporel. »

Je n'ai pas besoin de dire que je ne souscris point à cette doctrine quant à la séparation qu'elle intro-

duit entre le sacrement et le mariage en soi ou le
contrat naturel. Elle serait irréprochable, si elle ne
parlait que de la reconnaissance légale du contrat,
de ce qu'on est convenu d'appeler *contrat civil*. Mais,
telle quelle, elle refuse évidemment toute influence
sur le mariage légal aux *réserves* et même aux *précautions* dont les ministres de l'Église peuvent user
pour pourvoir à l'objet religieux ; elle la leur refuse
dans tous les cas et de toutes manières ; et elle se ter-
mine par cette conclusion : « C'est d'après ce prin-
« cipe que l'engagement dans les ordres sacrés, le
« vœu monastique et la disparité du culte, qui, dans
« l'ancienne jurisprudence, étaient des empêche-
« ments dirimants, ne le sont plus. » Ils étaient empêchements dirimants, ils ne le sont plus, au dire
de M. Portalis, parce que l'État n'admet ni les
réserves ni les *précautions* imposées par l'Église.
Comment seraient-ils, dans sa pensée, des empêchements prohibitifs ?

D'après cette doctrine qui illumine la première
déclaration de M. Portalis, il n'y a aucun empêchement légal au mariage du prêtre, et l'on peut
dire sans moquerie qu'*on lui conserve toute la
liberté et tous les avantages garantis par les lois de
l'État. Il s'expose* seulement, en se mariant, *dans*

le for intérieur et dans l'ordre religieux aux peines spirituelles prononcées par les lois canoniques, et il est tenu de s'abstenir de l'exercice du sacerdoce. Mais il peut légalement se marier, alors même qu'il remplit encore les fonctions du saint ministère.

Je montrerai plus tard ce qu'il y a de monstrueux dans cette théorie au point de vue de notre droit public, combien elle est inconciliable avec notre grand principe de la liberté de conscience et des cultes. Mais si l'on se reporte à cette époque si différente de la nôtre, si l'on fait la part des tâtonnements et des échecs de la liberté, des défiances et des haines anti-religieuses, on ne sera pas surpris que le respect de la conscience et de la liberté ne fût pas alors poussé jusqu'à exiger, comme vous le faites aujourd'hui, que le renoncement du prêtre précédât son mariage.

Je reviendrai sur cette distinction entre le prêtre qui exerce le saint ministère et celui qui ne l'exerce plus. Pour l'instant je me borne à constater qu'elle est étrangère à M. Portalis, et qu'elle est cependant fondamentale dans votre système. De quel droit nous imposeriez-vous donc une foi absolue dans un oracle qui pour vous-même est si peu souverain ?

Ainsi, Monsieur, tombent les difficultés que nous

pouvions redouter, soit de M. Portalis, soit de la constitution de 1791. Nous sommes en face du concordat et des articles organiques, et c'est en eux qu'il faut chercher la solution du problème.

M. Mie, votre confrère, la cherche, lui, dans l'article 7 de la loi du 30 ventôse an XII, qui ordonne et prépare la codification générale que nous avons aujourd'hui. Voici cet article : « A compter du jour « où ces lois sont exécutoires, les lois romaines, les « ordonnances, les coutumes générales ou locales, « les statuts, les règlements, cessent d'avoir force de « loi générale ou particulière dans les matières qui « sont l'objet desdites lois composant le présent « code. » Mais à qui persuadera-t-on, de bonne foi, que le même législateur qui venait de promulguer le concordat et les articles organiques, ait voulu, comme dit M. Mie, en faire *place nette* ? Rien de plus naturel que de faire disparaître, devant le code civil, toutes les autres lois, ordonnances, coutumes générales ou locales, statuts, règlements, qui avaient jusque-là régi les matières dont le code s'occupe. Mais le code ne s'occupe pas de la discipline du clergé, qui n'est pas de son ressort, et les lois qui la sanctionnent ne sont par conséquent

7

point atteintes par cette abrogation des vieilleries disparates de l'ancien ordre civil.

Votre sagacité, Monsieur, ne s'est pas laissé séduire par ce sophisme, mais elle n'a guère été plus heureuse dans le choix de ses arguments.

Et d'abord vous commettez une très-grave erreur en confondant les articles organiques avec le concordat. Sans même paraître vous douter que vous prêtez au concordat ce qui ne lui appartient pas, vous dites à propos des art. 6 et 26 de la loi du 18 germinal an X : « Aujourd'hui, pour repousser « la demande que nous soumettons au tribunal, on « se sert précisément des lois que le concordat a « faites pour contenir le pouvoir épiscopal (1). » M. Mie a évité cet écueil : « Tout d'abord, dit-il, ne « confondons pas la loi organique du concordat « avec le traité ou les conventions signées par l'em- « pereur et le pape ; celles-là seules sont internatio « nales, seules elles pourraient se prétendre souve- « raines, et je n'y vois pas d'inconvénients, car « elles ne contiennent pas un mot que la subtilité « la plus exagérée puisse rendre compromet- « tant (2). » Cette saine appréciation n'a pas em-

(1) *Débats*, etc., p. 27.
(2) *Ibid.*, p. 88.

pêché M. Mie de s'écrier au début de son plaidoyer, comme dans un combat désespéré où il faut faire flèche de tout bois : « Ainsi donc se trouvent d'un côté, « du nôtre, la loi civile qui dit : Oui ! et de l'autre « une loi mixte, à laquelle on voudrait accorder le « droit de dire : Non ! L'une est fille du pays, l'autre « vient de Rome ; laquelle a raison ?..... La loi ci- « vile est donc en présence du concordat (1). » Expliquez-moi, pourrais-je lui répondre, comment ce concordat, signé par l'empereur et le pape, ne vient pas autant du pays que de Rome, surtout lorsque vous ajoutez qu'*il ne fut qu'un laissez-passer donné à l'Église et par elle accepté aux plus dures conditions* (2)? Depuis quand les passe-ports émanent-ils de ceux qui les reçoivent, non de ceux qui les délivrent? Mais je veux seulement constater que M. Mie commet sciemment la même confusion que vous, Monsieur, je dirais si je ne craignais de faire injure à votre savoir, vous avez innocemment commise.

M. le procureur impérial s'est gardé, de son côté, de rendre aux articles organiques leur origine et leur caractère, par lesquels ils se distinguent si profondément du concordat. « Peu de temps après,

(1) *Débats*, etc., p. 65-66.
(2) *Ibid.*, p. 73.

« dit-il, le cardinal Caprara arrivait à Paris avec le
« titre de légat, muni des pouvoirs les plus éten-
« dus, et le traité de réconciliation entre la France
« et l'Église était signé. Le premier consul fit rédi-
« ger ensuite les articles organiques, qui, après com-
« munication au cardinal légat, furent présentés
« avec le concordat à l'approbation du corps légis-
« latif, et devinrent ainsi une loi de l'État, loi in-
« ternationale qui, depuis cette époque jusqu'à
« l'heure où je parle, a reçu des deux puissances
« une entière et franche exécution (1). » Cette histoire à vol d'oiseau est parfaitement inexacte. On
dirait vraiment que le cardinal Caprara fut chargé
de signer le concordat au nom du pape, qu'il fut
du moins un des plénipotentiaires délégués à cet
effet par Sa Sainteté. Il n'en est rien. Ce furent le
cardinal Consalvi, l'archevêque de Corinthe Joseph
Spina et le P. Caselli qui apposèrent seuls, au nom
de Pie VII, leur signature au bas du concordat.
Avoir communiqué au cardinal Caprara les articles
organiques avant de les présenter au corps législatif,
ne donne donc aucunement le droit de les confondre avec le concordat, à la conclusion duquel

(1) *Ibid.*, p. 105.

ce cardinal n'avait nullement participé. Mais M. le procureur impérial tient infiniment à cette confusion. Tandis que vous, Monsieur, et M. Mie, vous désignez les articles organiques sous le nom de loi du 18 germinal an X, il affecte, lui, de les nommer loi du 26 messidor an IX, ce qui est la date précise du concordat. Sans doute, l'approbation du corps législatif a rangé ces articles parmi les lois de l'État, mais elle n'a pu en faire une loi internatianole. Il faudrait, pour cela, que Rome y eût donné sa sanction. Or voici le langage de Rome, que vous paraissez tous ignorer, langage tenu et signé, bien authentiquement cette fois, par le cardinal Caprara. Je ne citerai que les premières lignes de cette pièce :

« Monseigneur, je suis chargé de réclamer contre
« cette partie de la loi du 18 germinal que l'on a
« désignée sous le nom d'*articles organiques*. Je
« remplis ce devoir avec d'autant plus de confiance,
« que je compte davantage sur la bienveillance
« du gouvernement et sur son attachement sincère
« aux vrais principes de la religion. La qualifi-
« cation qu'on donne à ces articles paraîtrait d'abord
« supposer qu'ils ne sont que la suite naturelle et
« l'explication du concordat religieux. Cependant,
« il est de fait qu'ils n'ont point été concertés avec

« le saint-siége, qu'ils ont une extension plus grande
« que le concordat, et qu'ils établissent en France
« un code ecclésiastique sans le concours du saint-
« siége. Comment Sa Sainteté pourrait-elle l'admet-
« tre, n'ayant pas même été invitée à l'examiner (1)? »

Si je m'imposais jamais la rude tâche d'écrire
l'histoire d'une époque où la liberté de la parole et
la liberté de la presse ne furent point en honneur,
ce n'est ni au *Moniteur* ni aux autres organes de la
publicité que je demanderais mes renseignements.
Je fouillerais les archives, les cartons des secrétaire-
ries d'État, et j'en exhumerais les documents authentiques. Vous auriez pu, Monsieur, vous procurer à moindres frais la connaissance de cette lettre
du cardinal Caprara à M. de Talleyrand. Elle appartient à l'histoire et à tous les manuels un peu com-
plets de droit canonique traitant de la situation de
l'Église dans la France moderne.

Vous y auriez vu que si le concordat est une
convention conclue entre le saint siége et le gouvernement français, les articles organiques sont une
loi édictée par la puissance séculière toute seule ;

_____

(1) *Lettre du card. Caprara à M. de Talleyrand*, en date du
18 août 1803. — Voy. *Prœlectiones juris canonici habitœ in semi-
nario Sancti-Sulpitii*, annis 1857, 1858, 1859.

que non-seulement Rome n'a pas été consultée, mais qu'elle a repoussé toute solidarité dans cette œuvre; qu'elle en a signalé un grand nombre comme attentatoires aux prérogatives de l'Église, et qu'elle a demandé à Napoléon de *ne pas laisser son ouvrage imparfait, et d'en retrancher tout ce qui ne serait pas d'accord avec les principes et les usages adoptés par l'Église*.

Et maintenant, en relisant les textes, non du concordat, mais des *articles organiques*, ne serez-vous pas encore plus *étonné que les évêques aient accepté cette juridiction du conseil d'État que leur impose l'article* 6 (1)? Votre étonnement, Monsieur, ne saurait être trop grand, si les évêques avaient réellement accepté cette juridiction telle qu'elle existe; mais ils ne s'y sont jamais soumis, ils l'ont simplement subie. Que ne diriez-vous pas, peut-être, des turbulences ambitieuses de l'Église contre les lois civiles, si, au lieu d'avoir fait entendre de pacifiques réclamations, ils avaient audacieusement levé le drapeau de la révolte? Les esprits sages comprennent que, lorsque la légalité est séparée du droit, le devoir est d'épuiser tous les moyens légaux pour en amener la

____

(1) *Débats*, etc., p. 27.

réforme, et de ne s'y soustraire violemment qu'aux dernières extrémités. C'est l'explication de la conduite de nos évêques. C'est aussi ce qui donne droit de cité dans vos prétoires à ceux des articles organiques qui violent les droits spirituels de l'Église, car rien n'est plus contraire que ces usurpations à l'âme de nos mœurs et de nos institutions, dont un des principes les plus sacrés est la distinction du temporel et du spirituel.

A part cette juridiction du conseil d'État, sur laquelle il y aurait bien à dire, l'État, en prescrivant aux ecclésiastiques, par les articles 6 et 26, l'observation des canons reçus en France, n'a rien usurpé sur l'Église ; il n'a pas non plus outre-passé ses pouvoirs vis-à-vis de la société civile. C'est en vain que vous vous efforcez de dresser devant nous le spectre de l'ancien régime, et que vous répétez avec M. Demolombe, après M. Serrigny, que *si les articles* 6 *et* 26 *de la loi organique rétablissent les canons reçus en France, vous vous faites fort d'en faire sortir l'ancien régime tout entier.* Ces articles portent en eux-mêmes une restriction capitale qui est de nature à rassurer l'immense majorité des Français contre l'affreuse résurrection dont vous nous menacez ; ils ne concernent que les ecclésiastiques, et, dans

celte limite, je vous défie hardiment de mettre la
sanction légale qu'ils donnent aux canons de l'É-
glise en opposition avec les principes modernes.

Ne croyez pas, Monsieur, que je confonde la
France d'aujourd'hui avec ce qu'elle était avant
1789. Il y avait alors des édits de tolérance; il n'y
avait pas la liberté des cultes. Cette liberté a pris
place dans notre droit public, non comme une faveur octroyée par un gouvernement qui s'arrogeait
le droit de juger les croyances religieuses, mais
comme un droit individuel du citoyen, garanti par
un gouvernement qui se déclarait incompétent, et
qui abandonnait à la conscience de chacun les rapports de son âme avec Dieu. Sans doute elle n'est
pas illimitée; l'État ne peut permettre qu'elle serve
de prétexte, hypocrite ou sincère, à la perturbation
de l'ordre public, à la violation des lois de la nature
et de la société. Mais, en dehors de ces abus, elle
est complète, en dépit de certaines entraves légales
qui embarrassent encore la pratique, mais qui sont
destinées à périr. Prenons-la donc dans sa notion
pure, dégagée de tout l'alliage qu'y peut mélanger
l'imperfection des lois subalternes, et disons que la
liberté des cultes, ou, ce qui revient au même, de la
conscience manifestée, n'est pas la consécration de

telle ou telle communion religieuse, mais la consécration du droit individuel des citoyens de n'être point régentés par l'État dans leurs rapports avec Dieu. Mais reconnaissons ce fait, que les citoyens exercent leur droit individuel dans le sein et par le moyen d'une société religieuse qui met à leur disposition les ministres nécessaires. De là vient que l'État, non-seulement émancipateur, mais protecteur des droits, veille légitimement sur cette nécessité, qu'il y prête même un concours efficace. Le ministère religieux est, à ses yeux, un service public ; les ministres, des fonctionnaires publics. Il leur donne, en cette qualité, un traitement (encore que le traitement du clergé catholique ait un caractère de restitution qu'on affecte beaucoup trop d'oublier). Il a donc le droit et même le devoir d'exiger que leurs fonctions soient remplies comme elles doivent l'être, d'adopter des mesures convenables à ce but, et de mettre toujours le prêtre entre l'observation des lois canoniques ou la déchéance de son ministère. Il ne peut, en effet, appartenir au prêtre de troubler l'exercice de la liberté religieuse des citoyens, dont il s'est fait le serviteur et l'officier public.

Jusqu'ici, Monsieur, si je ne m'abuse, nous

sommes entièrement d'accord. Mais lorsque le prêtre se retire pour ne porter ombrage à la liberté de conscience de personne et pour user de la sienne, M. Demolombe n'a-t-il pas raison de dire que *le prêtre disparaît devant la loi,* qu'il est devant elle *comme un fonctionnaire public qui aurait donné sa démission*? Et, ne devrais-je pas conclure avec vous qu'autant la loi devait tout à l'heure exiger de lui l'accomplissement de ces obligations religieuses, autant elle doit s'en abstenir maintenant?

M. le procureur impérial a essayé de trancher la question par la théorie de l'indélébilité légale du caractère sacerdotal.

Au point de vue théologique, il n'y a aucun doute que l'ordre imprime dans l'âme un caractère ineffaçable, confère des pouvoirs et une dignité inamissibles, et impose en retour des obligations auxquelles on ne peut se soustraire. Mais si la loi adoptait ce dogme religieux, elle sortirait du cercle où elle a emprisonné son action en se proclamant incompétente en fait de religion. Je suis persuadé que M. le procureur impérial n'a pas eu l'idée de lui faire jouer ce rôle. Tout le monde admet, en effet, que, en vertu de la liberté de conscience, un prêtre catho-

lique est légalement très-libre de changer de religion, de se faire protestant, de devenir ministre,
et que même, en cette qualité, il pourra être salarié
par l'État. Comment la loi verrait-elle encore en lui
un prêtre catholique, quand il a cessé, à ses yeux,
d'être catholique, quand il est devenu, à ses yeux,
ministre protestant?

Mais s'il est interdit à nos lois de pénétrer dans
l'âme pour y démêler, à la lumière de la foi, les
phénomènes religieux, elles ont libre carrière dans
le domaine des faits extérieurs. La question est de
savoir si, en s'abstenant de rien prononcer sur
l'indélébilité du caractère sacerdotal, elles considè-
rent le prêtre qui a déserté l'autel comme dépouillé
de tout ce qui tenait au sacerdoce. Eh bien, non,
cela n'est pas, et la loi du 21 mars 1832 nous fournit
la preuve du contraire.

« La loi du 21 mars 1832 (art. 14, § 4 et 5), dit
« M. le Procureur impérial, exempte du service
« militaire, 1° ceux qui, étant membres de l'ins-
« truction publique, auront contracté, avant l'é-
« poque déterminée pour le tirage au sort, l'enga-
« gement de se vouer à la carrière de l'enseigne-
« ment; 2° les élèves des grands séminaires, sous
« la condition que, s'ils ne sont pas entrés dans

« les ordres majeurs à vingt-cinq ans accomplis,
« ils seront tenus d'accomplir le temps de service
« prescrit par la présente loi. Or, voyez la différence
« de ces deux situations : si celui qui s'est voué à l'en-
« seignement quitte cette carrière avant la dernière
« heure de la dixième année de son engagement, il
« sera tenu d'aller prendre son rang dans le régiment
« sur les contrôles duquel il n'a cessé de figurer ;
« quant à l'élève du grand séminaire, s'il est entré
« dans les ordres majeurs à vingt-cinq ans accom-
« plis, il est désormais libéré de l'impôt du sang,
« et sa renonciation à la vie religieuse, son abju-
« ration même, ne feraient pas renaître les droits
« auxquels la société civile a renoncé (1). »

Si l'on recherche la raison de cette loi en dehors
de tout dogmatisme religieux, on est conduit à la
placer dans cette vérité, qui ne sera jamais mé-
connue que par des esprits superficiels, que l'une
des forces les plus vitales, sinon la plus vitale d'un
peuple, est dans le sentiment religieux, et que le
législateur civil doit bannir des lois et des mœurs
tout ce qui tendrait à l'affaiblir. De quel effet désas-
treux pour l'esprit religieux et moral des popula-

____

(1) *Débats*, etc , p. 101-102.

tions ne serait pas la présence d'un prêtre apostat dans un régiment !

Le même effet serait évidemment produit, et même en des proportions beaucoup plus considérables, si la loi ne laissait peser sur le prêtre réfractaire l'obligation de son célibat. Avez-vous jamais réflé·chi, Monsieur, au scandale qui en résulterait, à la muette prédication de ce spectacle, rendue plus impie par la complicité de l'État?

Pourquoi l'État ne pourrait-il pas agir, dans ce cas, pour le même motif et *à fortiori*, de la même manière que dans celui de la conscription? Aussi bien dans la prohibition du mariage que dans le privilége de ne pas porter les armes, la liberté de conscience est désintéressée. M. le procureur impérial a dit excellemment : « Le mariage civil n'est « pas un acte religieux. Rien n'empêche le sieur « Brou d'exercer son culte comme il l'entend. Il lui « est même loisible de changer de religion; la liberté « la plus absolue lui est garantie (1). » La loi civile, en interdisant aux prêtres le mariage, ne gêne pas plus leur liberté de conscience que les autres empêchements civils ne gênent celle des autres citoyens.

(1) *Débats*, etc., p. 56-57.

A ce premier motif, emprunté aux plus hauts intérêts de la société civile, s'en joint un second qui naît de l'observation des faits. Si l'on peut bâtir le roman d'un prêtre qui change loyalement de conviction religieuse, si même il n'est pas absolument impossible que ce roman se transforme en histoire, il faut du moins avouer que la réalité ne répond guère à cette spéculation. Ce sont les passions les plus honteuses, frappées par la justice, après qu'elles ont épuisé toutes les miséricordes, ou se faisant justice à elles-mêmes parce qu'elles se sentent incapables de contenir plus longtemps sous un voile honorable leur ignominie et qu'elles ne veulent plus aucun frein, qui chassent généralement le prêtre du sanctuaire. Ne serait-ce pas les récompenser et leur proposer comme une prime d'encouragement, que de leur offrir la perspective d'une union légale ? A Dieu ne plaise que je regarde cette perspective comme devant séduire et entraîner un grand nombre de prêtres. La loi aura beau ouvrir à deux battants, devant le prêtre, la porte de la vie conjugale, le prêtre sait que sa conscience est liée, qu'il ne peut répudier son ordination sans violer ses serments, que dans cette trahison sacrilége il emporterait son sacerdoce comme la tunique dévorante de Nessus, que les lois de l'Église le poursuivraient de leur implacable efficacité, et que, sous l'apparence légale du mariage, impuissant à en saisir la sainte réalité, il n'en étreindait jamais dans ses bras que le fantôme amer et coupable. C'est notre foi, et ce ne serait qu'en la reniant que le prêtre pourrait échapper à l'épouvante de ce crime et de cette situation. Où en serait une religion qui ne reposerait que sur un clergé si voisin de l'apostasie de sa conscience et de sa foi? Ah! pour l'honneur de la religion catholique en France, pour l'honneur du clergé, nous n'en sommes pas là! Mais, de ce que nous serions forts contre de tels dangers, quelle moralité y aurait-il à les semer sous nos pas? De quelle sainteté serait une loi qui ferait du mariage l'appât et la proie de la débauche flétrie et de la révolte obstinée?

M. Portalis signale un troisième motif: « Il n'y « aurait plus de sûreté dans les familles, si un « prêtre actuellement employé pouvait se choisir « arbitrairement une compagne dans la société, et « abdiquer son ministère quand il croirait pouvoir « mieux placer ses affections. Un prêtre a plus « qu'un autre des ressources pour séduire; on ne « pourra jamais être rassuré contre lui, si la séduc-

« tion est encouragée par l'espoir du mariage. Les
« pères de famille seront toujours dans la crainte,
« et de jeunes personnes sans expérience seront
« continuellement à la merci d'un prêtre sans prin-
« cipes et sans mœurs. Ainsi, la religion elle-même
« offrira des piéges à la vertu et des ressources au
« vice Il ne s'agit de rien moins que de rassurer
« les familles contre des dangers auxquels elles ne
« devraient naturellement pas s'attendre, et d'em-
« pêcher que les mœurs ne soient en quelque sorte
« menacées par la religion même (1). »

Ce motif se base sur un fait religieux, le ministère du prêtre tel qu'il existe dans l'Église catholique, notamment la confession auriculaire. En dehors de cette constatation, qui est du ressort de tous, il ne s'inspire d'aucune considération religieuse. Il n'a en vue qu'un objet temporel, les dangers qui peuvent résulter de ce fait pour les mœurs, pour l'honneur et l'intérêt des familles. Un tel motif mérite évidemment de fixer l'attention du législateur.

Il est donc constant, Monsieur, que plus d'une raison tirée de l'ordre social autorise la loi à régler que le prêtre abdique à tout jamais, dans son ordi-

(1) *Débats*, etc., p. 57-58.

nation, quelles que soient plus tard les péripéties religieuses de sa vie, toute espérance d'union conjugale. L'a-t-elle fait par les articles organiques ?

L'article 6 range au nombre *des cas d'abus, pour lesquels il y aura recours au conseil d'État contre les supérieurs et autres personnes ecclésiastiques, l'infraction des règles consacrées par les canons reçus en France.*

L'article 26 porte que les évêques *ne pourront ordonner aucun ecclésiastique, s'il ne justifie d'une propriété produisant au moins un revenu annuel de trois cents francs, s'il n'a atteint l'âge de vingt-cinq ans, et s'il ne réunit les qualités requises par les canons reçus en France.*

Il est évidemment question dans ces deux articles des canons qui défendent le mariage des prêtres, car nous avons vu que ces canons étaient reçus en France antérieurement à la Révolution. Or, si l'article 6 peut bien ne s'entendre, je vous l'accorde, que des ecclésiastiques qui n'ont pas abdiqué cette qualité, l'article 26 se refuse complétement à cette interprétation. Il impose formellement à l'évêque de ne conférer l'ordination que sur la promesse *du célibat perpétuel,* qui est une des qualités requises par les canons reçus en France. Ainsi, de par la loi civile, puisque les articles organiques sont une loi civile, on ne peut devenir prêtre sans promettre le *célibat perpétuel*. A côté de l'obligation religieuse, il y a une obligation civile. Et vous voudriez, Monsieur, que cette promesse exigée par la loi, la loi permît de la violer, qu'elle se fît complice de sa violation en accordant le bénéfice légal au mariage des prêtres !

Mais alors même que les articles organiques ne seraient pas décisifs, alors même qu'ils seraient aussi muets que le code civil, le concordat nous reste, et il renverse à lui seul vos prétentions. Lorsque je vous vois tout mettre en œuvre pour l'affaiblir en le déconsidérant, je me demande si vous ne vous êtes pas douté de sa force.

Lorsque vous avez rencontré sur votre route l'édit de Charles IX, du 4 août 1564, vous ne l'avez pas seulement écarté par le motif que j'ai moi-même admis ; ce que vous lui avez le plus reproché, c'est son origine, *cette main tachée de sang qui l'a signé* (1). Vous employez la même tactique contre le concordat, vous lui objectez ses origines :

« Si j'avais à faire l'histoire du concordat, avec

(1) *Débats*, etc., p. 26.

« des documents authentiques, je démontrerais que
« chaque partie a cherché à jouer l'autre ; que cha-
« cune d'elles s'est plus ou moins prise au piége ;
« que chacune s'est amoindrie en croyant se forti-
« fier, et que, pour dominer sa rivale, elle a plus
« ou moins transigé avec son propre principe (1). »

Traduisons, si vous le voulez bien, en français plus
correct, quoiqu'il soit difficile de manier notre lan-
gue avec plus de sûreté que vous. Je dirais : Chacun
a cherché à défendre sa cause, à la faire triompher ;
chacun a été obligé de faire des concessions ; ces
concessions n'entamaient point de part et d'autre
les principes, elles achetaient, par le sacrifice de ce
qui était accessoire, des avantages essentiels.

N'est-ce pas là l'histoire de tous les traités, de
toutes les conventions publiques et privées ? et faut-
il en conclure qu'aucun de ces actes, vénérés par
la bonne foi, n'est réellement obligatoire ? Ou fou-
lez aux pieds tout le droit international, ou respec-
tez le concordat !

Ce n'est pas que je place le concordat, comme on
ne le fait que trop, dans le droit international. Ces
sortes de traités constituent un droit à part et plus

(1) *Débats*, etc., p. 24.

haut. Le concordat n'a pas été conclu avec le pape en tant que souverain temporel, chef de nation, mais en tant que chef de l'Église catholique, représentant de l'autorité qui règle la foi, les mœurs, la discipline religieuse de la grande majorité des Français. En sorte que c'est un traité d'un autre genre, supérieur à toutes les conventions de peuple à peuple par la grandeur de son objet et la qualité spéciale de la souveraineté spirituelle, en même temps que par ses rapports avec les catholiques français dont il règle l'exercice des droits religieux, il prend manifestement place dans notre droit public.

Je n'ignore point, Monsieur, que cette place, usurpée, à votre sens, sur les principes de notre droit public, est ce qui vous choque le plus dans le concordat. Mais ce qui est ici en opposition avec ces principes, ce n'est pas le concordat, c'est vous. Toujours en partant de cette base incontestable que la liberté de conscience et des cultes n'est que la reconnaissance d'un droit du citoyen vis-à-vis de l'État, on arrive à cette conclusion, évidemment rigoureuse, que cette liberté n'excède pas les limites de la liberté civile, et que l'égalité des croyances et des cultes devant la loi n'a pas d'autres exigences que l'égalité civile elle-même.

D'où il suit que, si l'État peut transformer en un agent officiel, dans l'ordre temporel, un de ces citoyens tous égaux cependant devant la loi, on ne voit pas ce qui l'empêcherait de conférer à une de ces communions, toutes égales devant la loi, la charge de rendre à la Divinité un culte national, et de ressusciter ainsi, ce qui vous fera frémir, mais ce que je vous défie de réfuter, une religion d'État. Je me hâte d'ajouter que je ne désire nullement pour le catholicisme cette restauration de son ancienne prérogative : l'expérience prouve que dans nos mœurs modernes la vitalité de l'Église décroît en proportion de ses rapprochements avec l'État, et d'ailleurs cet honneur inutile, nuisible probablement à sa prospérité, n'aboutirait qu'à la désigner aux attaques des préjugés antireligieux et aux compétitions religieuses. Mais s'il est du droit de l'État de nouer un pareil lien avec une communion religieuse, comment lui refuser celui de s'entendre avec elle sur les points qui intéressent à la fois la société civile et la société spirituelle? Que dans certains pays, comme les État-Unis, où l'État s'occupe de beaucoup moins de choses que chez nous, le système de la séparation complète soit applicable, préférable même, je n'en disconviens pas. Que nous devions un jour en être nous-mêmes susceptibles, je ne le nie pas davantage. Mais ce n'est pas de l'avenir, c'est du présent qu'il s'agit, et j'affirme que le système des concordats n'est point incompatible avec les principes libéraux et égalitaires de notre droit public. Il suffit qu'il ne prive les autres cultes ni de l'égale liberté ni de l'égale protection auxquelles ils ont droit de la part de l'État.

D'ailleurs, Monsieur, vous n'avez pas, je le suppose, à signer le concordat, vous n'avez pas même à le discuter devant des législateurs; vous parlez à des juges dont tout le devoir est d'appliquer la loi. Le concordat est une loi. Et je ne vous demande plus que de mettre en lumière l'évidente conséquence de ce fait.

En traitant avec l'Église, l'État l'a nécessairement reconnue comme personne morale, chargée de pourvoir au bien spirituel des catholiques français.

D'où il suit que l'Église est légalement capable, dans ce but, de passer des contrats, comme elle est capable de conclure des traités. Dès lors la question du mariage civil des prêtres se résume en des termes bien simples. Voilà un homme qui a contracté sciemment et librement avec l'Église. Il a reçu d'elle des avantages, des pouvoirs qu'elle s'est engagée à ne lui point retirer si ce n'est dans des cas d'indignité déterminés par ses canons ; en revanche, il a accepté la condition *sine qua non* que lui faisait l'Église, il a promis le célibat perpétuel.

Et il ne faut pas venir nous dire que cette promesse est un vœu. En théologie, c'est très-controversé, et cela fût-il, à côté du vœu qui s'adresse à Dieu et dont vous n'avez pas à vous occuper, il y a toujours entre l'Église et l'ordinand l'échange que je viens de dire, par conséquent, le contrat d'un citoyen avec une personne morale reconnue par la loi comme capable de contracter.

Qu'avez-vous à reprocher à ce contrat ? La loi fixe elle-même l'âge où il peut être fait, afin de le prémunir contre l'ignorance ou la faiblesse. Il est honnête dans son objet, car j'ai démontré que le célibat n'a rien de contraire au droit naturel. Enfin, Monsieur, il est d'autant plus sacré qu'il est fait dans l'intérêt de tiers, et dans leur intérêt religieux, c'est-à-dire dans l'intérêt de cette liberté de conscience dont vous parlez si haut, et dont, par moments, vous faites si bon marché.

Eh bien, Monsieur, quand le prêtre prétendra violer ce contrat qui le lie authentiquement au célibat perpétuel, ce contrat où l'Église, cette personne morale avec laquelle l'État traite de puissance à puissance, est intervenue comme partie, ce contrat, dont la raison d'être est le libre exercice du culte catholique, la liberté de conscience de l'immense majorité des Français, la loi française n'aura-t-elle pas une protection pour la justice et le droit public outragés? Sera-t-elle réduite à prêter elle-même la main à ce double attentat, à le consacrer en consacrant le mariage des prêtres? Ah! s'il en est ainsi, nous vivons sous un singulier code! Et j'ai le droit de demander à nos législateurs ce qu'ils ont fait de l'esprit de 1789, de cet esprit de justice et de liberté, ce qu'ils ont fait de la civilisation de mon pays!

Je ne suis pas légiste. Je n'essayerai donc pas d'appuyer mon opinion sur des textes. Il résulte pourtant de ce qui a été dit plus haut sur les articles organiques, que M. Marcadé n'a pas eu tort, malgré vos ironies, quand il a écrit : « Cette obligation (du « célibat), que le candidat au sacerdoce contracte « librement et en majorité, à la face de la société « entière et avec cette société même représentée « par l'évêque, cette obligation, disons-nous, est « bien certainement permise (M. Marcadé devrait « dire : exigée) par la loi, elle est légale; or, « toutes les conventions légalement formées tien-

« nent lieu de loi à ceux qui les ont faites (ar-
« ticle 1143); donc, l'engagement pris par le prêtre
« de garder le célibat est et reste obligatoire, même
« civilement (1). » Nous ne sommes plus ici au
même point de vue. Il ne s'agit plus des articles organiques, il s'agit du concordat. Il ne s'agit plus
d'une obligation prise vis-à-vis de l'État, il s'agit
d'un contrat fait avec l'Église, qui est reconnue par
le concordat comme personne morale. Montrez-
moi dans la loi la prohibition de ce contrat, ou
laissez-moi conclure, comme vient de le faire
M. Marcadé : *Toutes les conventions légalement formées tiennent lieu de loi à ceux qui les ont faites ;
donc, l'engagement pris par le prêtre de garder le
célibat est et reste obligatoire, même civilement.*

Cette conclusion est vraie, ou l'Église n'est pas devant la loi une personne morale. Or, si l'Église n'est
pas devant la loi une personne morale, le concordat n'a été de la part du gouvernement français
qu'un piége et une escroquerie; il n'est pour l'Église
qu'une duperie et une captivité. Lorsque l'État veut
obtenir de l'Église l'abandon de ses biens confis-
qués, le remaniement de son territoire et de ses sié-

(1) Marcadé, *Append. au tit. du mariage*, t. I, p. 449.

ges, la nomination des évêques, l'héritage pour le chef politique de la France moderne de toutes les prérogatives dont jouissait près de la cour de Rome l'ancienne monarchie, oh! alors l'Église est une personne morale, elle est même souveraine! **Mais**, quand tout cela est fait, et que l'Église n'a obtenu pour elle, en définitive, dans le concordat, que de rentrer en France, de s'y établir dans des édifices mis à sa disposition, d'y faire vivre ses ministres sur un maigre traitement dû d'ailleurs à deux titres, et comme restitution, et comme la part que les catholiques ont le droit de prélever sur le budget pour l'exercice de leur culte, par quelle frauduleuse antithèse se trouve-t-elle tout à coup dépouillée de toute personnalité morale et n'a-t-elle plus même dans la loi, pour ses droits et ses contrats, elle souveraine tout à l'heure, la même protection que le dernier des citoyens? Si tel était le concordat, de toutes les conventions iniques il serait la plus inique, de toutes les conventions nulles il serait la plus nulle. L'Église n'aurait qu'à déchirer ces feuilles mensongères, et, reprenant toutes ses concessions, à se retirer dans son entière et naturelle indépendance. Ce n'est pas elle, mais l'État, qui y perdrait davantage.

Grâce à Dieu, pour l'honneur du Premier Consul et de nos législateurs, pour l'honneur de la France, le concordat n'est pas cela, et j'ai confiance que la magistrature, fidèle gardienne de nos lois, ne pervertira point une des œuvres les plus glorieuses de notre société moderne, en n'en faisant, de la part de l'État vis à-vis de l'Église, qu'un guet-apens.

Vous ne triompherez, Monsieur, ni devant la magistrature ni devant l'opinion.

Pour moi, je serais heureux si j'avais pu servir d'humble instrument à la vérité pour vous ramener à elle, et lui gagner, à la place d'une parole ignorée et infirme, l'entraînement et l'éclat de la vôtre.

Th. Loyson.

8 novembre 1862.

PIÈCES JUSTIFICATIVES

LE CONCORDAT

Sa Sainteté le souverain Pontife Pie VII, et le premier consul de la République française, ont nommé pour leurs plénipotentiaires respectifs;

Sa Sainteté, Son Éminence Monseigneur Hercule Consalvi, cardinal de la sainte Église romaine, diacre de Sainte-Agathe *ad Suburram*, son secrétaire d'État; Joseph Spina, archevêque de Corinthe, prélat domestique de Sa Sainteté, assistant du trône pontifical, et le père Caselli, théologien consultant de Sa Sainteté, pareillement munis de pleins pouvoirs en bonne et due forme;

Le premier consul, les citoyens Joseph Bonaparte, conseiller d'État, Cretet, conseiller d'État, et Bernier, docteur en théologie, curé de Saint-Laud d'Angers, munis de pleins pouvoirs;

Lesquels, après l'échange des pleins pouvoirs respectifs, ont arrêté la convention suivante :

CONVENTION

Entre Sa Sainteté Pie VII et le gouvernement français.

Le gouvernement de la République reconnaît que la religion catholique, apostolique et romaine, est la religion de la grande majorité des citoyens français.

Sa Sainteté reconnaît également que cette même religion a retiré et attend encore en ce moment le plus grand bien et le plus grand éclat de l'établissement du culte catholique en France, et de la profession particulière qu'en font les consuls de la République.

En conséquence, d'après cette reconnaissance mutuelle, tant pour le bien de la religion que pour le maintien de la tranquillité intérieure, ils sont convenus de ce qui suit :

ART. Iᵉʳ. La religion catholique, apostolique et romaine, sera librement exercée en France. Son culte sera public, en se conformant aux règlements de police que le gouvernement jugera nécessaires pour la tranquilité publique.

II. Il sera fait par le saint-siége, de concert avec le gouvernement, une nouvelle circonscription des diocèses français.

III. Sa Sainteté déclarera aux titulaires des évéchés français, qu'elle attend d'eux, avec une ferme confiance, pour le bien de la paix et de l'unité, toute espèce de sacrifices, même celui de leurs siéges.

D'après cette exhortation, s'ils se refusaient à ce sacrifice commandé par le bien de l'Église (refus néanmoins auquel Sa Sainteté ne s'attend pas); il sera pourvu, par de nouveaux titulaires, au gouvernement des évêchés de la circonscription nouvelle, de la manière suivante.

IV. Le premier consul de la République nommera, dans les trois mois qui suivront la publication de la bulle de Sa Sainteté, aux archevêchés et évêchés de la circonscription nouvelle. Sa Sainteté conférera l'institution canonique suivant les formes établies par rapport à la France, avant le changement de gouvernement.

V. Les nominations aux évêchés qui vaqueront dans la suite, seront également faites par le premier consul; et l'institution canonique sera donnée par le saint-siége, en conformité de l'article précédent.

VI. Les évêques, avant d'entrer en fonctions, prêteront directement, entre les mains du premier consul, le serment de fidélité qui était en usage avant le changement de gouvernement, exprimé dans les termes suivants :

« Je jure et promets à Dieu, sur les saints Évangiles, de garder obéissance et fidélité au gouvernement établi par la constitution de la République française. Je promets aussi de n'avoir aucune intelligence, de n'assister à aucun conseil, de n'entretenir aucune ligue, soit au dedans, soit au dehors, qui soit contraire à la tranquilité publique ; et si, dans mon diocèse ou ailleurs, j'apprends qu'il se trame quelque chose au préjudice de l'État, je le ferai savoir au gouvernement. »

VII. Les ecclésiastiques du second ordre prêteront le même serment entre les mains des autorités civiles désignées par le gouvernement.

VIII. La formule de prière suivante sera récitée à la

fin de l'office divin, dans toutes les églises catholiques de France :

> Domine, salvam fac Rempublicam ;
> Domine, salvos fac Consules.

IX. Les évêques feront une nouvelle circonscription des paroisses de leurs diocèses, qui n'aura d'effet que d'après le consentement du gouvernement.

X. Les évêques nommeront aux cures.

Leur choix ne pourra tomber que sur des personnes agréées par le gouvernement.

XI. Les évêques pourront avoir un chapitre dans leur cathédrale, et un séminaire pour leur diocèse, sans que le gouvernement s'oblige à les doter.

XII. Toutes les églises métropolitaines, cathédrales, paroissiales et autres non aliénées, nécessaires au culte, seront mises à la disposition des évêques.

XIII. Sa Sainteté, pour le bien de la paix et l'heureux rétablissement de la religion catholique, déclare que ni elle, ni ses successeurs, ne troubleront en aucune manière les acquéreurs des biens ecclésiastiques aliénés, et qu'en conséquence la propriété de ces mêmes biens, les droits et revenus y attachés, demeureront incommutables entre leurs mains ou celles de leurs ayant cause.

XIV. Le gouvernement assurera un traitement convenable aux évêques et aux curés dont les diocèses et les cures seront compris dans la circonscription nouvelle.

XV. Le gouvernement prendra également des mesures pour que les catholiques français puissent, s'ils le veulent, faire en faveur des églises, des fondations.

XVI. Sa Sainteté reconnaît dans le premier consul de la

République française, les mêmes droits et prérogatives dont jouissait près d'elle l'ancien gouvernement.

XVII. Il est convenu entre les parties contractantes, que, dans le cas où quelqu'un des successeurs du premier consul actuel ne serait pas catholique, les droits et prérogatives mentionnés dans l'article ci-dessus, et la nomination aux évêchés, seront réglés, par rapport à lui, par une nouvelle convention.

Les ratifications seront échangées à Paris dans l'espace de quarante jours.

Fait à Paris, le 26 messidor de l'an IX de la République française.

> Hercule, cardinal CONSALVI (L. S.);
> J. BONAPARTE (L. S.);
> J. arch. de Corinthe (L. S.);
> CRETET (L. S.);
> F. Ch. CASELLI (L. S.);
> BERNIER (L. S.).

ARTICLES ORGANIQUES

DE LA

CONVENTION PASSÉE A PARIS LE 26 MESSIDOR AN IX

Entre le gouvernement français et le pape Pie VII.

———

TITRE PREMIER.

Du régime de l'Église catholique dans ses rapports généraux avec les droits et la police de l'État.

ART. 1. Aucune bulle, bref, rescrit, décret, mandat, provision, signature servant de provision, ni autres expéditions de la cour de Rome, même ne concernant que les particuliers, ne pourront être reçus, publiés, imprimés, ni autrement mis à exécution, sans l'autorisation du gouvernement.

2. Aucun individu se disant nonce, légat, vicaire ou commissaire apostolique, ou se prévalant de tout autre dénomination, ne pourra, sans la même autorisation, exercer sur le sol français ni ailleurs aucune fonction relative aux affaires de l'Église gallicane.

3. Les décrets des synodes étrangers, même ceux des conciles généraux, ne pourront être publiés en France, avant que le gouvernement en ait examiné la forme, leur conformité avec les lois, droits et franchises de la République française, et tout ce qui, dans leur publication, pourrait altérer ou intéresser la tranquillité publique.

4. Aucun concile national ou métropolitain, aucun synode diocésain, aucune assemblée délibérante n'aura lieu sans la permission expresse du gouvernement.

5. Toutes les fonctions ecclésiastiques seront gratuites, sauf les oblations qui seraient autorisées et fixées par les règlements.

6. Il y aura recours au conseil d'État, dans tous les cas d'abus de la part des supérieurs et autres personnes ecclésiastiques.

Les cas d'abus sont : l'usurpation ou l'excès du pouvoir, la contravention aux lois et règlements de la République, l'infraction des règles consacrées par les canons reçus en France, l'attentat aux libertés, franchises et coutumes de l'Église gallicane, et toute entreprise ou tout procédé qui, dans l'exercice du culte, peut compromettre l'honneur des citoyens, troubler arbitrairement leur conscience, dégénérer contre eux en oppression, ou en injure, ou en scandale public.

7. Il y aura pareillement recours au conseil d'État, s'il est porté atteinte à l'exercice public du culte, et à la liberté que les lois et les règlements garantissent à ses ministres.

8. Le recours compétera à toute personne intéressée. A défaut de plainte particulière, il sera exercé d'office par les préfets.

Le fonctionnaire public, l'ecclésiastique ou la personne qui voudra exercer recours, adressera un mémoire détaillé et signé au conseiller d'État chargé de toutes les affaires concernant les cultes, lequel sera tenu de prendre, dans le plus court délai, tous les renseignements convenables ; et, sur son rapport, l'affaire sera suivie et définitivement terminée dans la forme administrative, ou renvoyée, selon l'exigence des cas, aux autorités compétentes.

TITRE II.

Des ministres.

SECTION PREMIÈRE. — DISPOSITIONS GÉNÉRALES.

9. Le culte catholique sera exercé sous la direction des archevêques et évêques dans leurs diocèses, et sous celle des curés dans leurs paroisses.

10. Tout privilége portant exemption ou attribution de la juridiction épiscopale, est aboli.

11. Les archevêques et évêques pourront, avec l'autorisation du gouvernement, établir dans leurs diocèses des chapitres cathédraux et des séminaires. Tous autres établissements ecclésiastiques sont supprimés.

12. Il sera libre aux archevêques et évêques d'ajouter à leur nom le titre de *Citoyen* ou celui de *Monsieur*. Toutes autres qualifications sont interdites.

SECTION II. — DES ARCHEVÊQUES OU MÉTROPOLITAINS.

13. Les archevêques consacreront et installeront leurs suffragants. En cas d'empêchement ou de refus de leur part, ils seront suppléés par le plus ancien évêque de l'arrondissement métropolitain.

14. Ils veilleront au maintien de la foi et de la discipline dans les diocèses dépendant de leur métropole.

15. Ils connaîtront des réclamations et des plaintes portées contre la conduite et les décisions des évêques suffragants.

SECTION III. — DES ÉVÊQUES, DES VICAIRES GÉNÉRAUX ET DES SÉMINAIRES.

16. On ne pourra être nommé évêque avant l'âge de trente ans, et si on n'est originaire français.

17. Avant l'expédition de l'arrêté de nomination, celui ou ceux qui seront proposés seront tenus de rapporter une attestation de bonne vie et mœurs, expédiée par l'évêque dans le diocèse duquel ils auront exercé les fonctions du ministère ecclésiastique; et ils seront examinés sur leur doctrine par un évêque et deux prêtres, qui seront commis par le premier consul, lesquels adresseront le résultat de leur examen au conseiller d'État chargé de toutes les affaires concernant les cultes.

18. Le prêtre nommé par le premier consul fera les diligences pour rapporter l'institution du pape.

Il ne pourra exercer aucune fonction avant que la bulle

portant son institution ait reçu l'attache du gouvernement, et qu'il ait prêté en personne le serment prescrit par la convention passée entre le gouvernement français et le Saint-Siége.

Ce serment sera prêté au premier consul ; il en sera dressé procès-verbal par le secrétaire d'État.

19. Les évêques nommeront et institueront les curés : néanmoins, ils ne manifesteront leur nomination, et ils ne donneront l'institution canonique, qu'après que cette nomination aura été agréée par le premier consul.

20. Ils seront tenus de résider dans leurs diocèses ; ils ne pourront en sortir qu'avec la permission du premier consul.

21. Chaque évêque pourra nommer deux vicaires généraux, et chaque archevêque pourra en nommer trois : ils les choisiront parmi les prêtres ayant les qualités requises pour être évêques.

22. Ils visiteront annuellement et en personne une partie de leur diocèse, et dans l'espace de cinq ans, le diocèse entier. En cas d'empêchement légitime, la visite sera faite par un vicaire général.

23. Les évêques seront chargés de l'organisation de leurs séminaires, et les règlements de cette organisation seront soumis à l'approbation du premier consul.

24. Ceux qui seront choisis pour l'enseignement dans les séminaires souscriront la déclaration faite par le clergé de France en 1682, et publiée par l'édit de la même année : ils se soumettront à y enseigner la doctrine qui est contenue, et les évêques adresseront une expédition en forme

de cette soumission au conseiller d'État chargé de toutes les affaires concernant les cultes.

25. Les évêques enverront, toutes les années, à ce conseiller d'État le nom des personnes qui étudieront dans les séminaires, et qui se destineront à l'état ecclésiastique.

26. Ils ne pourront ordonner aucun ecclésiastique, s'il ne justifie d'une propriété produisant au moins un revenu annuel de trois cents francs, s'il n'a atteint l'âge de vingt-cinq ans, et s'il ne réunit les qualités requises par les canons reçus en France.

Les évêques ne feront aucune ordination avant que le nombre des personnes à ordonner ait été soumis au gouvernement, et par lui agréé.

SECTION IV. — DES CURÉS.

27. Les curés ne pourront entrer en fonctions qu'après avoir prêté, entre les mains du préfet, le serment prescrit par la convention passée entre le gouvernement et le Saint-Siége. Il sera dressé procès-verbal de cette prestation, par le secrétaire général de la préfecture, et copie collationnée leur en sera délivrée.

28. Ils seront mis en possession par le curé ou le prêtre que l'évêque désignera.

29. Ils seront tenus de résider dans leur paroisse.

30. Les curés seront immédiatement soumis aux évêques dans l'exercice de leurs fonctions.

31. Les vicaires et desservants exerceront leur ministère sous la surveillance et la direction des curés.

Ils seront approuvés par l'évêque, et révocables par lui.

32. Aucun étranger ne pourra être employé dans les fonctions du ministère ecclésiastique, sans la permission du gouvernement.

33. Toute fonction est interdite à tout ecclésiastique, même français, qui n'appartient à aucun diocèse.

34. Un prêtre ne pourra quitter son diocèse pour aller desservir dans un autre, sans la permission de son évêque.

SECTION V. — DES CHAPITRES CATHÉDRAUX, ET DU GOUVERNEMENT DES DIOCÈSES PENDANT LA VACANCE DU SIÉGE.

35. Les archevêques et évêques qui voudront user de la faculté qui leur est donnée d'établir des chapitres, ne pourront le faire sans avoir rapporté l'autorisation du gouvernement, tant pour l'établissement lui-même que pour le nombre et le choix des ecclésiastiques destinés à les former.

36. Pendant la vacance des siéges, il sera pourvu par le métropolitain, et, à son défaut, par le plus ancien des évêques suffragants, au gouvernement des diocèses. Les vicaires généraux de ces diocèses continueront leurs fonctions, même après la mort de l'évêque, jusqu'à son remplacement.

37. Les métropolitains, les chapitres cathédraux, seront tenus, sans délai, de donner avis au gouvernement de la vacance des siéges, et des mesures qui auront été prises pour le gouvernement des diocèses vacants.

38. Les vicaires généraux qui gouverneront pendant la vacance, ainsi que les métropolitains ou capitulaires, ne se permettront aucune innovation dans les usages et coutumes des diocèses.

TITRE III.

Du culte.

39. Il n'y aura qu'une liturgie et un catéchisme pour toutes les églises de France.

40. Aucun curé ne pourra ordonner des prières publiques extraordinaires dans sa paroisse, sans la permission spéciale de l'évêque.

41. Aucune fête, à l'exception du dimanche, ne pourra être établie sans la permission du gouvernement.

42. Les ecclésiastiques useront, dans les cérémonies religieuses, des habits et ornements convenables à leur titre : ils ne pourront dans aucun cas, ni sous aucun prétexte, prendre la couleur et les marques distinctives réservées aux évêques.

43. Tous les ecclésiastiques seront habillés à la française et en noir. Les évêques pourront joindre à ce costume la croix pastorale et les bas violets.

44. Les chapelles domestiques, les oratoires particuliers, ne pourront être établis sans une permission expresse du gouvernement, accordée sur la demande de l'évêque.

45. Aucune cérémonie religieuse n'aura lieu hors des édifices consacrés au culte catholique, dans les villes où il y a des temples destinés à différents cultes.

46. Le même temple ne pourra être consacré qu'à un même culte.

47. Il y aura dans les cathédrales et paroisses une place distinguée pour les individus catholiques qui remplissent les autorités civiles et militaires.

48. L'évêque se concertera avec le préfet pour régler la manière d'appeler les fidèles au service divin par le son des cloches. On ne pourra les sonner pour toute autre cause, sans la permission de la police locale.

49. Lorsque le gouvernement ordonnera des prières publiques, les évêques se concerteront avec le préfet et le commandement militaire du lieu, pour le jour, l'heure et le mode d'exécution de ces ordonnances.

50. Les prédications solennelles, appelées *sermons*, et celles connues sous le nom de *stations* de l'avent et du carême, ne seront faites que par des prêtres qui en auront obtenu une autorisation spéciale de l'évêque.

51. Les curés, aux prônes des messes paroissiales, prieront et feront prier pour la prospérité de la République française et pour les consuls.

52. Ils ne se permettront, dans leurs instructions, aucune inculpation directe ou indirecte, soit contre les personnes, soit contre les autres cultes autorisés dans l'État.

53. Ils ne feront au prône aucune publication étrangère à l'exercice du culte, si ce n'est celles qui seront ordonnées par le gouvernement.

54. Ils ne donneront la bénédiction nuptiale qu'à ceux qui justifieront, en bonne et due forme, avoir contracté mariage devant l'officier civil.

55. Les registres tenus par les ministres du culte, n'étant et ne pouvant être relatifs qu'à l'administration des sacrements, ne pourront, dans aucun cas, suppléer les registres ordonnés par la loi pour constater l'état civil des Français.

56. Dans tous les actes ecclésiastiques et religieux, on

sera obligé de se servir du calendrier d'équinoxe établi par les lois de la république ; on désignera les jours par les noms qu'ils avaient dans le calendrier des solstices.

57. Le repos des fonctionnaires publics sera fixé au dimanche.

TITRE IV.

De la circonscription des archevêchés, des évêchés et des paroisses ; des édifices destinés au culte, et du traitement des ministres.

SECTION PREMIÈRE. — DE LA CIRCONSCRIPTION DES ARCHEVÊCHÉS ET DES ÉVÊCHÉS.

58. Il y aura en France dix archevêchés ou métropoles, et cinquante évêchés.

59. La circonscription des métropoles et des diocèses sera faite conformément au tableau ci-joint.

SECTION II. — DE LA CIRCONSCRIPTION DES PAROISSES.

60. Il y aura au moins une paroisse par justice de paix.

Il sera en outre établi autant de succursales que le besoin pourra l'exiger.

61. Chaque évêque, de concert avec le préfet, réglera le nombre et l'étendue de ces succursales. Les plans arrêtés seront soumis au gouvernement, et ne pourront être mis à exécution sans son autorisation.

62. Aucune partie du territoire français ne pourra être érigée en cures, ou succursales, sans l'autorisation expresse du gouvernement.

63. Les prêtres desservant les succursales sont nommés par les évêques.

SECTION III — DU TRAITEMENT DES MINISTRES.

64. Le traitement des archevêques sera de 15,000 fr.

65. Le traitement des évêques sera de 10,000 fr.

66. Les curés seront distribués en deux classes.

Le traitement des curés de la première classe sera porté à 1,500 fr.; celui des curés de seconde classe à 1,000 fr.

67. Les pensions dont ils jouissent en exécution des lois de l'Assemblée constituante seront précomptées sur leur traitement.

Les conseils généraux des grandes communes pourront, sur leurs biens ruraux ou sur leurs octrois, leur accorder une augmentation de traitement, si les circonstances l'exigent.

68. Les vicaires desservants seront choisis parmi les ecclésiastiques pensionnés en exécution des lois de l'Assemblée constituante. Le montant de ces pensions et le produit des oblations formeront leur traitement.

69. Les évêques rédigeront les projets de règlements relatifs aux oblations que les ministres du culte sont autorisés à recevoir pour l'administration des sacrements. Les projets des règlements, rédigés par les évêques, ne pourront être publiés, ni autrement mis à exécution, qu'après avoir été approuvés par le gouvernement.

70. Tout ecclésiastique, pensionnaire de l'État, sera privé de sa pension, s'il refuse, sans cause légitime, les fonctions qui pourront lui être confiées.

71. Les conseils généraux de département sont autorisés à procurer aux archevêques et aux évêques un logement convenable.

72. Les presbytères et les jardins attenants, non aliénés, seront rendus aux curés et aux desservants des succursales. A défaut de ces presbytères, les conseils généraux des communes sont autorisés à leur procurer un logement et un jardin.

73. Les fondations, qui ont pour objet l'entretien des ministres et l'exercice du culte, ne pourront consister qu'en rentes constituées sur l'État : elles seront acceptées par l'évêque diocésain, et ne pourront être exécutées qu'avec l'autorisation du gouvernement.

74. Les immeubles, autres que les édifices destinés au logement et jardins attenants, ne pourront être affectés à des titres ecclésiastiques, ni possédés par les ministres du culte à raison de leurs fonctions.

SECTION IV. — DES ÉDIFICES DESTINÉS AU CULTE.

75. Les édifices, anciennement destinés au culte catholique, actuellement dans les mains de la nation, à raison d'un édifice par cure et par succursale, seront mis à la disposition des évêques par arrêté du préfet du département. Une expédition de ces arrêtés sera adressée au conseiller d'État chargé de toutes les affaires concernant les cultes.

76. Il sera établi des fabriques pour veiller à l'entretien et à la conservation des temples, à l'administration des aumônes.

77. Dans les paroisses où il n'y aura point d'édifice disponible pour le culte, l'évêque se concertera avec le préfet pour la désignation d'un édifice convenable.

RÉCLAMATION DU SAINT-SIÉGE

LES ARTICLES ORGANIQUES DU CONCORDAT DE 1802

(Lettre du cardinal Caprara à M. de Talleyrand).

« Monseigneur, je suis chargé de réclamer contre cette partie de la loi du 18 germinal, que l'on a désignée sous le nom d'*Articles organiques*. Je remplis ce devoir avec d'autant plus de confiance, que je compte davantage sur la bienveillance du gouvernement, et sur son attachement sincère aux vrais principes de la religion.

« La qualification qu'on donne à ces articles paraîtrait d'abord supposer qu'ils ne sont que la suite naturelle et l'explication du Concordat religieux. Cependant, il est de fait qu'ils n'ont point été concertés avec le Saint-Siége, qu'ils ont une extension plus grande que le Concordat, et qu'ils établissent en France un code ecclésiastique sans le concours du Saint-Siége. Comment Sa Sainteté pourrait-elle l'admettre, n'ayant pas même été invitée à l'examiner? Ce code a pour objet la doctrine, les mœurs, la discipline du clergé, les droits et les devoirs des évêques, ceux des ministres inférieurs, leurs relations avec le Saint-Siége et le mode d'exercice de leur juridiction. Or tout cela tient aux droits imprescriptibles de l'Église : « Elle a reçu « de Dieu seul l'autorisation de décider les questions de « la doctrine sur la foi ou sur la règle des mœurs, et de « faire des canons ou des règles de discipline. » (Arrêté du Conseil du 16 mars et du 31 juillet 1731.)

« M. d'Héricourt, l'historien Fleury, les plus célèbres avocats généraux, et M. de Castillon lui-même, avouaient ces vérités. Ce dernier reconnaît dans l'Église « le pouvoir « qu'elle a reçu de Dieu pour conserver par l'autorité de « la prédication, des lois et des jugements, la règle de la « foi et des mœurs, la discipline nécessaire à l'économie « de son gouvernement, la succession et la perpétuité de « son ministère. » (*Réquisitoire contre les actes de l'assemblée du clergé* en 1765.)

« Sa Sainteté n'a donc pu voir qu'avec une extrême douleur, qu'en négligeant de suivre ces principes, la puissance civile ait voulu régler, décider, transformer en loi des articles qui intéressent essentiellement les mœurs, la discipline, les droits, l'instruction et la juridiction ecclésiastique. N'est-il pas à craindre que cette innovation n'engendre des défiances, qu'elle ne fasse croire que l'Église de France est asservie, même dans les objets purement spirituels, au pouvoir temporel, et qu'elle ne détourne de l'acceptation des places beaucoup d'ecclésiastiques méritants? Que sera-ce si nous envisageons chacun de ces articles en particulier? Le premier veut « qu'aucune bulle, « bref, rescrit, etc., émanés du saint-siége, ne puissent être

« mis à exécution, ni même publiés sans l'autorisation du
« gouvernement. »

« Cette disposition, prise en son ensemble, ne blesse-
t elle pas évidemment la liberté de l'enseignement ecclésiastique ? Ne soumet-elle pas la publication des vérités
chrétiennes à des formalités gênantes ? Ne met-elle pas les
décisions concernant la foi et la discipline sous la dépendance absolue du pouvoir temporel ? Ne donne-t-elle pas
à la puissance qui serait tentée d'en abuser, les droits et
les facilités d'arrêter, de suspendre, d'étouffer même le
langage de la vérité, qu'un Pontife fidèle à ses devoirs voudrait adresser aux peuples confiés à sa sollicitude ?

« Telle ne fut jamais la dépendance de l'Église, même
dans les premiers siècles du christianisme. Nulle puissance n'exigeait alors la vérification de ses décrets. Cependant elle n'a pas perdu de ses prérogatives en recevant
les empereurs dans son sein : « Elle doit jouir de la même
« juridiction dont elle jouissait sous les empereurs païens.
« Il n'est jamais permis d'y donner atteinte, parce qu'elle
« la tient de Jésus-Christ. » (*Lois ecclésiastiques.*) Avec
quelle peine le Saint-Siége ne doit-il donc pas voir les
entraves qu'on veut mettre à ses droits ?

« Le clergé de France reconnaît lui-même que les jugements émanés du Saint-Siége, et *auxquels adhère le corps
épiscopal*, sont irréfragables. Pourquoi auraient-ils donc
besoin de l'autorisation du gouvernement, puisque, suivant les principes gallicans, ils tirent toute leur force de
l'autorité qui les prononce et de celle qui les admet ? *Le
successeur de Pierre doit confirmer ses frères dans la foi,*
suivant les expressions de l'Écriture ; or comment pourra-

t-il le faire si, sur chaque article qu'il enseignera, il peut être à chaque instant arrêté par le refus ou le défaut de vérification de la part du gouvernement temporel? Ne suit-il pas évidemment de ces dispositions que l'Église ne pourra plus savoir et croire que ce qu'il plaira au gouvernement de laisser publier?

« Cet article blesse la délicatesse et le secret constamment observés à Rome dans les affaires de la Pénitencerie. Tout particulier peut s'y adresser avec confiance, et sans crainte de voir ses faiblesses dévoilées. Cependant cet article, qui n'excepte rien, veut que les brefs, même personnels, émanés de la Pénitencerie, soient vérifiés. Il faudra donc que les secrets des familles et la suite malheureuse des faiblesses humaines soient mis au grand jour pour obtenir la permission d'user de ces brefs. Quelle gêne! quelles entraves! Le parlement lui-même ne les admettait pas, car il exceptait de la vérification les *provisions*, les *brefs de la Pénitencerie*, et *autres* expéditions concernant les affaires des particuliers.

« Le second article déclare : « Qu'aucun légat, nonce « ou délégué du Saint-Siége, ne pourra exercer ses pou-« voirs en France sans la même autorisation. » Je ne puis que répéter ici les justes observations que je viens de faire sur le premier article. L'un frappe la liberté de l'enseignement dans sa source, l'autre l'atteint dans ses agents. Le premier met des entraves à la publication de la vérité; le second à l'apostolat de ceux qui sont chargés de l'annoncer. Cependant Jésus-Christ a voulu que sa divine parole fût constamment libre, qu'on pût la prêcher sur les toits, dans toutes les nations, et auprès de tous les gouvernements. Comment allier ce dogme catholique avec l'indis-pensable formalité d'une vérification de pouvoirs et d'une permission civile de les exercer? Les apôtres et les premiers pasteurs de l'Église naissante eussent-ils pu prêcher l'Évangile, si les gouvernements eussent exercé sur eux un pareil droit?

« Le troisième article étend cette mesure aux canons des conciles, même généraux. Ces assemblées si célèbres n'ont eu nulle part plus qu'en France de respect et de vénération. Comment se fait-il donc que chez cette même nation elles éprouvent tant d'obstacles, et qu'une formalité civile donne le droit d'en éluder, d'en rejeter même les décisions.

« On veut, dit-on, les examiner : mais *la voie d'examen en matière religieuse est proscrite dans le sein de l'Église catholique* : il n'y a que les communes protestantes qui l'admettent, et de là est venue cette étonnante variété qui règne dans leurs croyances.

« Quel serait d'ailleurs le but de ces examens? celui de reconnaître si les canons des conciles sont conformes aux lois françaises? Mais si plusieurs de ces lois, telles que celle sur le divorce, sont en opposition avec le dogme catholique, il faudra donc rejeter les canons, et préférer les lois, quelque injuste ou erroné qu'en soit l'objet. Qui pourra adopter une pareille conclusion? Ne serait-ce pas sacrifier la religion, ouvrage de Dieu même, aux ouvrages toujours imparfaits et souvent injustes des hommes?

« Je sais que notre obéissance doit être raisonnable; mais n'obéir qu'avec des motifs suffisants n'est pas avoir le droit non-seulement d'examiner, mais de rejeter arbitrairement tout ce qui nous déplait.

« Dieu n'a promis l'infaillibilité qu'à son Église : les sociétés humaines peuvent se tromper. Les plus sages législateurs en ont été la preuve. Pourquoi donc comparer les décisions d'une *autorité irréfragable* avec celle d'une puissance qui peut errer, et faire, dans cette comparaison, pencher la balance en faveur de cette dernière ? Chaque puissance a d'ailleurs les mêmes droits. Ce que la France ordonne, l'Espagne et l'Empire peuvent l'exiger, et, comme les lois sont partout différentes, il s'ensuivra que l'enseignement de l'Église devra varier suivant les peuples, pour se trouver d'accord avec les lois.

« Dira-t-on que le parlement français en agissait ainsi ? Je le sais ; mais il n'examinait, suivant sa déclaration du 24 mai 1766, que ce qui pouvait, dans la publication des canons et des bulles, altérer ou intéresser la tranquillité publique, et non leur conformité avec des lois qui pouvaient changer dès le lendemain.

« *Cet abus*, d'ailleurs, ne pourrait être légitimé par l'usage, et le gouvernement en sentait si bien les inconvénients, qu'il disait au parlement de Paris, le 7 avril 1757, par l'organe de M. d'Aguesseau : « Il semble qu'on cher-
« che à affaiblir le pouvoir qu'a l'Église de faire des dé-
« crets, en le faisant tellement dépendre de la puissance
« civile et de son concours, que sans ce concours les plus
« saints décrets de l'Église ne puissent obliger les sujets
« du roi. »

« Enfin ces maximes n'avaient lieu dans les parlements, suivant la déclaration de 1766, que pour rendre les décrets de l'Église lois de l'État, et en ordonner l'exécution, avec défense sous les peines temporelles d'y contrevenir. Or ces motifs ne sont plus ceux qui dirigent aujourd'hui le gouvernement, puisque *la religion catholique n'est plus la religion de l'État*, mais uniquement celle de la majorité des Français.

« L'article 6 « déclare qu'il y aura recours au conseil « d'État pour tous les cas d'abus; » mais quels sont-ils? L'article ne les spécifie que d'une manière générique et indéterminée.

« On dit, par exemple, qu'un des cas d'abus est l'*usurpation* ou l'*excès* du pouvoir. Mais en matière de juridiction spirituelle l'Église en est seule le juge. Il n'appartient qu'à elle de déclarer en *quoi l'on a excédé, ou abusé des pouvoirs qu'elle seule peut conférer.* La puissance temporelle ne peut connaître de *l'abus excessif* d'une chose qu'elle n'accorde pas.

« Un second *cas d'abus* est la *contravention aux lois et règlements de la république ;* mais, si ces lois, si ces règlements sont en opposition avec la doctrine chrétienne, faudra-t-il que le prêtre les observe de préférence à la loi de Jésus-Christ? Telle ne fut jamais l'intention du gouvernement.

« On range encore dans la classe des abus l'*infraction des règles consacrées en France par les saints canons...* Mais ces règles ont dû émaner de l'Église. C'est donc à elle seule de prononcer sur leur infraction ; car elle seule connaît l'esprit et les dispositions.

« On dit enfin qu'il y a lieu à l'*appel comme d'abus* pour « toute entreprise qui tend à compromettre l'honneur des

« citoyens, à troubler leur conscience, ou qui dégénère
« contre eux en oppression, en injure, ou en scandale
« public. »

« Mais, si un divorcé, si un hérétique, connu en public,
se présente pour recevoir les sacrements, et qu'on les lui
refuse, il prétendra qu'on lui a fait injure, il criera au
scandale, il portera sa plainte ; on l'admettra d'après la
loi ; et pourtant le prêtre inculpé n'aura fait que son devoir, puisque les sacrements ne doivent jamais être conférés à des personnes notoirement indignes.

« En vain s'appuierait-on sur l'usage constant des *appels
comme d'abus.* Cet usage ne remonte pas au delà du règne
de Philippe de Valois, mort en 1350. Il n'a jamais été constant et uniforme ; il a varié suivant les temps ; les parlements avaient un intérêt particulier à l'accréditer. Ils aug-
mentaient leur pouvoir et leurs attributions : mais ce qui
flatte n'est pas toujours juste. Ainsi Louis XIV, par l'édit
de 1695, art. 34, 35, 36, 37, n'attribuait-il aux magistrats
séculiers que l'*examen* des formes en leur *prescrivant* de
renvoyer le *fond* au *supérieur ecclésiastique.* Or cette restriction n'existe nullement dans les Articles *Organiques.*
Ils attribuent indistinctement au conseil d'État le jugement
de la forme et celui du fond.

« D'ailleurs les magistrats qui prononçaient alors sur
ces cas d'abus étaient nécessairement catholiques ; ils
étaient obligés de l'affirmer sous la foi du serment ; tandis
qu'aujourd'hui ils peuvent appartenir à des sectes séparées de l'Église catholique, et avoir à prononcer sur des
objets qui l'intéressent essentiellement.

« L'article 9 veut que le culte soit exercé sous la *direc-*

tion des archevêques, des évêques et des curés. Mais le mot *direction* ne rend pas ici les droits des archevêques et des évêques. Ils ont de *droit divin* non-seulement le droit de *diriger*, mais encore celui de définir, d'ordonner et de juger. Les pouvoirs des curés dans les paroisses ne sont pas les mêmes que ceux des évêques dans les diocèses. On n'aurait donc pas dû les exprimer de la même manière et dans les mêmes articles, pour ne pas supposer une identité qui n'existe pas.

« Pourquoi d'ailleurs ne pas faire ici mention des droits de Sa Sainteté, aussi bien que de ceux des archevêques et des évêques? A-t-on voulu lui ravir un droit général qui lui appartient essentiellement !

« L'article 10, en abolisant tout exemption ou attribution de la juridiction épiscopale, prononce évidemment sur une matière purement spirituelle. Car si les territoires exempts sont aujourd'hui soumis à l'ordinaire, ils ne le sont qu'en vertu d'un règlement du saint-siége. Lui seul donne à l'ordinaire une juridiction qu'ils n'avait pas. Ainsi, en dernière analyse, la puissance temporelle aura conféré des pouvoirs qui n'appartiennent qu'à l'Église. Les exemptions d'ailleurs ne sont point aussi abusives qu'on l'a imaginé. Saint Grégoire lui-même les avait admises, et les puissances temporelles ont eu souvent besoin d'y recourir.

« L'article 11 supprime tous les établissements religieux, à l'exception des séminaires ecclésiastiques et des chapitres. A-t-on bien réfléchi sur cette suppression ? Plusieurs de ces établissements étaient d'une utilité reconnue; le peuple les aimait; ils les secouraient dans leurs besoins;

la pitié les avait fondés ; l'Église les avait solennellement approuvés sur la demande même des souverains : *elle seule peut donc en prononcer la suppression.*

« L'article 14 ordonne aux archevêques de veiller « au « maintien de la foi et de la discipline dans les diocèses de « leurs suffragants. » Nul devoir n'est plus indispensable ni plus sacré ; mais il est aussi le devoir du saint-siége pour toute l'Église. Pourquoi donc n'avoir pas fait mention dans l'article de cette surveillance générale ? Est-ce un oubli ? Est-ce une exclusion ?

« L'article 15 autorise les archevêques à connaître des réclamations et des plaintes portées contre la conduite et les décisions des évêques suffragants. Mais que feront les évêques, si les métropolitains ne leur rendent pas justice ? A qui s'adresseront-ils pour l'obtenir ? A quel tribunal en appelleront-ils de la conduite des archevêques à leur égard ? C'est une difficulté d'une importance majeure, et dont on ne parle pas. Pourquoi ne pas ajouter que le Souverain Pontife peut alors connaître de ces différends par voie d'appellation, et prononcer définitivement, suivant ce qui est enseigné par les saints canons ?

« L'article 17 paraît établir le gouvernement juge de la oi, des mœurs et de la capacité des évêques nommés. C'est lui qui les fait examiner, et qui prononce d'après les résultats de l'examen. Cependant le Souverain Pontife a seul le droit de faire, par lui ou ses délégués, cet examen, parce que lui seul doit instituer canoniquement, et que cette institution canonique suppose évidemment dans celui qui l'accorde la connaissance acquise de la capacité de celui qui la reçoit. Le gouvernement a-t-il prétendu

nommer tout à la fois et se constituer juge de l'idonéité;
ce qui serait contraire à tous les droits et usages reçus?
ou veut-il seulement s'assurer par cet examen que son
choix n'est pas tombé sur un sujet indigne de l'épiscopat?
C'est ce qu'il importe d'expliquer.

« Je sais que l'ordonnance de Blois prescrivait un pareil
examen, mais le gouvernement consentit lui-même à y
déroger. *Il fut statué, par une convention secrète, que les
nonces de Sa Sainteté feraient seuls ces informations.* On
doit donc suivre aujourd'hui cette même marche, parce
que l'article 4 du Concordat veut que *l'institution canonique soit conférée aux évêques dans les formes établies
avant le changement de gouvernement.*

« L'article 22 ordonne aux évêques de visiter leurs
diocèses dans l'espace de cinq années. La discipline ecclésiastique restreignait davantage le temps de ces visites.
L'Église l'avait ainsi ordonné pour de graves et solides
raisons. Il semble d'après cela qu'il n'appartient qu'à elle
seule de changer cette disposition.

« On exige par l'article 24 que les directions des séminaires souscrivent à la déclaration de 1682, et enseignent
la doctrine qui y est contenue. Pourquoi jeter de nouveau
au milieu des Français ce germe de discorde? Ne sait-on
pas que les auteurs de cette déclaratiou l'ont eux-mêmes
désavouée? Sa Sainteté peut-elle admettre ce que ses prédécesseurs les plus immédiats ont eux-mêmes rejeté? Ne
doit-elle pas s'en tenir à ce qu'ils ont prononcé? Pourquoi
souffrirait-elle que l'organisation d'une Église qu'elle
relève au prix de tant de sacrifices consacrât des principes
qu'elle ne peut avouer? Ne vaut-il pas mieux que les direc-

teurs des séminaires s'engagent à enseigner une morale sainte, plutôt qu'une déclaration qui fut et sera toujours une source de divisions entre la France et le Saint-Siége?

« On veut, article 25, que les évêques envoient, tous les ans, l'état des ecclésiastiques étudiant dans leur séminaire; pourquoi leur imposer cette nouvelle gêne! Elle a été inconnue et inusitée dans tous les siècles précédents.

« L'article 26 veut qu'ils ne puissent ordonner que des hommes de 25 ans; mais l'Église a fixé l'âge de 21 ans pour le sous-diaconat, et celui de 24 ans accomplis pour le sacerdoce. Qui pourrait abolir ces usages, sinon l'Église elle-même? Prétend-on n'ordonner, même des sous-diacres, qu'à 25 ans? Ce serait prononcer l'extinction de l'Église de France par défaut de ministres; car il est certain que plus on éloigne le moment de recevoir les ordres, et moins ils sont conférés. Cependant tous les diocèses se plaignent de la disette des prêtres; peut-on espérer qu'ils en obtiennent, quand on exige pour les ordinands un titre clérical de 300 fr. de revenu? Il est indubitable que cette clause fera déserter partout les ordinations et les séminaires. Il en sera de même de la clause qui oblige l'évêque à demander la permission du gouvernement pour ordonner; cette clause est évidemment opposée à la liberté du culte garantie à la France catholique par l'article 1er du dernier Concordat. Sa Sainteté désire, et le bien de la religion exige, que le gouvernement adoucisse les rigueurs de ces dispositions sur ces trois objets.

« L'article 35 exige que les évêques soient autorisés par le gouvernement pour l'établissement des chapitres. Cependant cette autorisation leur était accordée par l'arti-

cle 11 du Concordat. Pourquoi donc en exiger une nouvelle, quand une convention solennelle a déjà permis **ces**
établissements? La même obligation est imposée par l'article 23 aux séminaires, quoiqu'ils aient été, comme les chapitres, spécialement autorisés par le gouvernement. Sa
Sainteté voit avec douleur qu'on multiplie de cette manière
les entraves et les difficultés pour les époques. L'édit
de mai 1763 exemptait formellement les séminaires de
prendre des lettres patentes (*Mémoires du clergé*, t. II), et
la déclaration du 16 juin 1659, qui paraissait les assu-
jettir, ne fut enregistrée qu'avec cette clause : « Sans pré-
« judice des séminaires qui seront établis par les évêques
« pour l'instruction des prêtres seulement. » Telles étaient
aussi les dispositions de l'ordonnance de Blois, art. 24, et
de l'édit de Melun, article 1er. Pourquoi ne pas adopter ces
principes? A qui appartient-il de régler l'instruction dogmatique et morale et les exercices d'un séminaire, sinon à
l'évêque? De pareilles matières peuvent-elles intéresser le
gouvernement temporel?

« Il est de principe que le vicaire général et l'évêque sont
une seule personne, et que la mort de celui-ci entraîne
la cessation des pouvoirs de l'autre. Cependant, au mépris
de ce principe, l'article 36 proroge aux vicaires généraux
leurs pouvoirs après la mort de l'évêque. Cette proroga-
tion n'est-elle pas évidemment une concession de pouvoirs
spirituels faite par le gouvernement sans l'aveu et même
contre l'usage reçu dans l'Église.

« Ce même article veut que les diocèses, « pendant la
« vacance du siége, soient gouvernés par le métropolitain
« ou le plus ancien évêque. »

« Mais ce gouvernement consiste dans une juridiction purement spirituelle. Comment le pouvoir temporel pourrait-il l'accorder? Les chapitres seuls en sont en possession; pourquoi la leur enlever, puisque l'article 2 du Concordat autorise les évêques à les établir?

« Les pasteurs appelés par les époux pour bénir leur union ne peuvent le faire, d'après l'article 54, qu'après les formalités remplies devant l'officier civil; cette clause restrictive et gênante a été jusqu'ici inconnue dans l'Église. Il en est résulté deux espèces d'inconvénients.

« L'un affecte les contractants, l'autre blesse l'autorité de l'Église et gêne ses pasteurs. Il peut arriver que les contractants se contentent de remplir les formalités civlies, et qu'en négligeant d'observer les lois de l'Église, ils se croient légitimement unis, non-seulement aux yeux de la loi, quant aux effets purement civils, mais encore devant Dieu et devant l'Église.

« Le deuxième inconvénient blesse l'autorité de l'Église et gêne les pasteurs, en ce que les contractants, après avoir rempli les formalités légales, croient avoir acquis le droit de forcer les curés à consacrer leur mariage par leur présence, lors même que les lois de l'Église s'y opposeraient.

« Une telle prétention contrarie ouvertement l'autorité que Jésus-Christ a accordée à son Église, et fait à la conscience des fidèles une dangereuse violence. Sa Sainteté, conformément à l'enseignement et aux principes qu'a établis pour la Hollande un de ces prédécesseurs, ne pourrait voir qu'avec peine un tel ordre de choses. Elle est dans l'intime confiance que les choses se rétabliront en France sur le même pied sur lequel elles étaient d'abord, et telles qu'elles se pratiquent dans les autres pays catholiques ; les fidèles, dans tous les cas, seront obligés à observer les lois de l'Église, et les pasteurs doivent avoir la liberté de les prendre pour règle de conduite, sans qu'on puisse sur un objet aussi important violenter leur conscience. Le culte public de la religion catholique, qui est celle du consul et de l'immense majorité de la nation, attend ces actes de justice de la sagesse du gouvernement.

« Sa Sainteté voit aussi avec peine que les registres de l'état civil soient enlevés aux ecclésiastiques, et n'aient plus pour ainsi dire d'autre objet que de rendre les hommes étrangers à la religion, dans les trois instants les plus importants de la vie, la naissance, le mariage et la mort. Elle espère que le gouvernement rendra aux registres tenus par les ecclésiastiques la consistance légale dont ils jouissaient précédemment. Le bien de l'État l'exige presque aussi impérieusement que celui de la religion.

« Article 61. Il n'est pas moins affligeant de voir les évêques obligés de se concerter avec les préfets pour l'érection des succursales. Eux seuls doivent être juges des besoins spirituels des fidèles. Il est impossible qu'un travail ainsi combiné de deux hommes trop souvent divisés de principes offre un résultat heureux ; les projets de l'évêque seront contrariés et par contre-coup le bien spirituel des fidèles en souffrira.

« L'article 74 veut que les immeubles, autres que les édifices destinés aux logements et les jardins attenants, ne puissent être affectés à des titres ecclésiastiques, ni possédés par des ministres du culte à raison de leurs fonctions.

Quel contraste frappant entre cet article et l'article concernant les ministres protestants ! Ceux - ci non-seulement jouissent d'un traitement qui leur est assuré, mais ils conservent tout à la fois et les biens que leur église possède, et les oblations qui leur sont offertes. Avec quel amertume l'Église ne doit-elle pas voir cette énorme différence ! Il n'y a qu'elle qui ne puisse posséder des immeubles ; les sociétés séparées d'elle peuvent en jouir librement, on les leur conserve, quoique leur religien ne soit professée que par une minorité bien faible ; tandis que l'immense majorité des Français et les consuls eux-mêmes professent la religion que l'on prive *légalement* du droit de posséder des immeubles.

« Telles sont les réflexions que j'ai dû présenter au gouvernement français par votre organe. J'attends tout de l'équité, du discernement et du sentiment de religion qui anime le premier consul. La France lui doit son retour à la foi ; il ne laissera pas son ouvrage imparfait, et il en retranchera tout ce qui ne sera pas d'accord avec les principes et les usages adoptés par l'Église. Vous seconderez par votre zèle ses intentions bienveillantes et ses efforts. La France bénira de nouveau le premier consul, et ceux qui calomniaient le rétablissement de la religion catholique en France ou qui murmuraient contre les moyens adoptés pour l'exécution, seront toujours réduits au silence.

« Paris, le 18 août 1803.

« J.-B. CARDINAL CAPRARA. »

TABLE

Paris. — Imp. W. Remquet, Goupy et Cie, rue Garancière, 5.

9 782019 227135